职工建家工作小帮手

刘桂萍◎编著

中国工人出版社

图书在版编目（CIP）数据

工会工作坊·职工建家工作小帮手 / 刘桂萍编著. —
北京：中国工人出版社，2017.5
ISBN 978-7-5008-6691-6
Ⅰ.①工…　Ⅱ.①刘…　Ⅲ.①工会工作－基本知识－中国　Ⅳ.①D412.6
中国版本图书馆CIP数据核字（2017）第119258号

工会工作坊·职工建家工作小帮手

出 版 人　芮宗金
责任编辑　罗荣波
责任校对　孙迺伟
责任印制　栾征宇
出版发行　中国工人出版社
地　　址　北京市东城区鼓楼外大街45号　邮编：100120
网　　址　http://www.wp-china.com
电　　话　（010）62005043（总编室）　（010）62005039（出版物流部）
　　　　　　（010）82075935（工会与劳动关系分社）
发行热线　（010）62004002　（010）82081553（传真）
经　　销　各地书店
印　　刷　三河市东方印刷有限公司
开　　本　880毫米×1230毫米　1/32
印　　张　3.875
字　　数　70千字
版　　次　2017年7月第1版　2020年11月第3次印刷
定　　价　18.00 元

编写说明

党的十八大以来，以习近平同志为核心的党中央对工人阶级和工会工作高度重视，多次作出重要论述，为做好工会工作指明了方向。各级工会组织深入学习贯彻习近平总书记系列重要讲话精神特别是关于工人阶级和工会工作重要论述，锐意进取、改革创新，围绕“三个着力”加强工会建设，不断增强工会吸引力、凝聚力、战斗力。

为了帮助广大工会干部做好新形势下的工会工作，我们根据近年来党和国家制定的一系列方针、政策、法律以及全国总工会发布的文件，结合当前工会工作的实际需求，组织相关工会工作者和工会理论研究者共同编写了《工会工作坊》系列丛书。丛书涵盖了新形势下特别是“互联网＋”时代背景下工会的各项工作，以解决实际问题为导向，采用简明扼要的编写方式，为广大工会干部做好服务职工的工作助力，为打造好工会工作品牌添砖，为提高工会干部素质鼓劲！

由于编写时间仓促和水平有限，本丛书还存在一些不足，敬请广大读者不吝赐教、拨冗斧正！

2017 年 5 月

CONTENTS

目录

第一部分 职工建家工作的基本要求

第二部分 职工建家工作的内容

第三部分 职工建家工作的方法

第四部分 职工建家工作的创新与发展

第一部分

职工建家工作的基本要求

1. 为什么在新形势下要深化职工之家建设？

在新的历史时期，党中央高度重视群团工作，强调群团组织要充分发挥联系职工群众的桥梁和纽带作用。党中央对新形势下的工会工作提出明确要求，尤其强调要努力把工会组织建设成职工群众信赖的职工之家，把广大工会干部锤炼成听党话、跟党走、职工群众信赖的娘家人。

职工之家体现了中国工会的性质、宗旨和特点，体现了职工群众与工会的密切联系，承载了党对工会的重托，表达了职工群众对工会的期望和信赖。职工之家建设已经成为加强基层工会建设、增强基层工会活力的重要载体。实践充分表明，职工之家建设的水平和成效，直接决定着基层工会工作基础是否坚实、作用是否发挥、价值是否体现，决定着职工群众对基层工会的感知和评判。

随着全面深化改革的不断推进，产业结构调整力度日趋加大，劳动关系更加复杂多变，职工群众诉求更加多样化，这些情况对于基层工会的组织动员能力、工作能力都提出了新的要求和挑战。因此，各级工会要通过职工之家建设这一有效载体，不断丰富建家内涵，完善建家标准，改进建家机制，从而引领基层工会建设走上新台阶，有效激发基层工会的生机和活力。

微提示

习近平总书记在2015年庆祝“五一”国际劳动节暨表彰全国劳动模范和先进工作者大会上指出，要坚持把群众路线作为工会工作的生命线和根本工作路线，把工作重心放在最广大普通职工身上，着力强化服务意识，提高维权能力，改进工作作风，破除衙门作风，坚决克服机关化、脱离职工群众的现象，让职工群众真正感受到工会是职工之家，工会干部是最可信赖的娘家人。

2. 职工之家建设与基层工会建设是什么关系？

（1）工会是职工自愿结合的群众组织，是党联系职工群众的桥梁和纽带，基层工会更是直接联系和服务职工群众的组织，是工会全部工作的基础，是落实工会各项工作的组织者、推动者和实践者，是扩大工会工作有效覆盖面的重要支撑。

（2）职工之家建设是基层工会工作的一项重要内容，是创新基层工会建设的重要措施和载体。通过职工之家建设，在企业、事业单位、机关中营造一种“家”的氛围，增强职工的归属感、凝聚力和向心力。

（3）基层工会工作有两大基本任务：一是加强工会基层组织的自身建设和改革；二是发挥工会基层组织的作用。两大任务相互依存、相辅相成。没有稳固的工会基层组织，就谈不上发挥工会基层组织作用；工会基层组织不发挥作用，巩固工会基层组织就毫无意义。开展职工之家建设活动就是围绕这两大基本任务做文章，不断加强工会基层组织的自身建设和改革，不断发挥工会基层组织的作用。因此，开展建家活动是工会基层工作的基本形式、基本手段、基本方法，其目标是把基层工会组织建设成职工依赖的家。

微提示

通俗地讲，基层工会是实体，职工之家是形象的比喻；基层工会是开展活动的主导者，职工之家建设是基层工会发挥作用的载体。

3. 新形势下职工之家建设的指导思想是什么？

（1）推动“依靠”方针的落实。通过职工之家建设这一载体，充分发挥工会各项职能，将党的“全心全意依靠工人阶级”的指导方针落到实处，将广大职工组织凝聚在党的周围。

（2）规范基层工会组织建设。基层工会组织建起来后，还要转起来，要充分发挥作用，通过职工之家的建设、评估和考核等，督促基层工会充分发挥作用。

（3）提高基层工会的整体工作水平。通过职工之家建设，鼓励基层工会创新性地开展各项工作，推动职工之家常建常新，不断提高基层工会工作的水平。

微提示

按照中央党的群团工作会议精神的要求，工会工作重在发展创新。基层工会要顺应时代要求，适应社会变化，创造科学有效的工作方法，让职工切身感受到工会是职工之家。

4. 新形势下职工之家建设的目标是什么？

新形势下职工之家建设的目标为：

（1）贯彻落实习近平总书记关于工人阶级和工会工作的重要指示精神及中央党的群团工作会议精神，保持和增强工会组织的政治性、先进性、群众性，有效发挥基层工会的职能作用，不断巩固和加强工会组织在职工中的吸引力、凝聚力和影响力。

（2）围绕着构建和谐劳动关系，不断完善和改进工会工作制度机制，创新工作方式方法，努力把基层工会建设成为组织健全、维权到位、工作规范、作用明显、职工信赖的职工之家。

（3）紧密结合基层工会和职工队伍实际，创新和强化职工之家建设的工作要点，推动落实“六有”工会建设，切实让职工感受到工会是职工之家。

（4）努力争创各层级模范职工之家，让职工切实感受到工会组织温暖可信、解决问题，最大限度地把职工群众团结在党的周围，在改革发展稳定第一线建功立业。

微链接

《中华全国总工会关于新形势下加强基层工会建设的意见》

《中华全国总工会关于在全国基层工会广泛开展“争创模范职工之家、争做职工依赖娘家人”活动的通知》

5. 新形势下职工之家建设的原则有哪些？

新形势下职工之家建设的原则有：

（1）坚持围绕中心，服务大局。通过职工之家建设引导职工将中国梦、企业梦、个人梦相结合，充分激发广大职工的劳动热情和创造活力，发挥广大职工在促进国家经济社会发展中的主力军作用。

（2）坚持依法维权，促进和谐。把维护职工的合法权益作为职工之家建设的重点，帮助职工解决最关心、最直接、最现实的利益问题和最困难、最忧虑、最急迫的实际问题，推动建立规范有序、公正合理、互利共赢、和谐稳定的劳动关系。

（3）坚持以人为本、职工满意。发挥职工群众在职工之家建设中的作用，以工会作用发挥充分不充分、职工群众满意不满意作为衡量建家成效的标尺。

（4）坚持与时俱进，创新发展。在职工之家建设中，要适应形势发展，把握职工需求，不断赋予建家新内容和新活力，使建家工作常建常新。

（5）坚持齐抓共建，形成合力。在职工之家建设中，形成党组织统一领导、行政积极支持、工会具体落实、各方相互配合、职工热情参与的工作格局。

微链接

《中华全国总工会关于在新形势下深入开展建设职工之家活动的意见》

6. 新形势下如何通过职工之家建设增强基层工会活力？

新形势下，基层工会在职工之家建设过程中要注重丰富建家工作的内涵，创新建家工作的方式方法，以职工之家建设为载体，不断增强基层工会活力，提升工会对职工的吸引力和凝聚力：

（1）职工之家建设要有好的运作机制。建家活动要党政工齐抓共建，才能有好的效果。在建家活动中，要牢固树立“党政工共建一个家”的建家理念。职工之家建设，不仅需要规范工会的工作职责，还需要为职工创造一个良好的工作学习环境和开展文化活动的设施、场所，需要为职工办好事、实事等，这些都需要党政在人力、物力上给予大力支持。所以一定要争取形成党委领导、行政支持、工会运作、部门配合、职工参与的工作格局。

（2）建家活动要结合实际，才能富有生命力。深入开展建家活动是上级工会对各基层工会的普遍要求，但如何把普遍要求与本单位的实际情况相结合，是建家活动中面临的很重要的问题。各个企事业单位的性质不同，工会工作的环境和基础不同，开展建家活动的条件也不同，只有结合本单位的实际情况，因地制宜地制定建家措施，充分调动职工参与活动的积极性和创造性，突出特色，建家工作才能富有无穷的生命力。

（3）建家活动要以职工需求为导向，才能永葆活力。要把职工需求作为职工之家建设和基层工会工作的出发点与落脚点，工会应该做什么工作、向职工提供什么服务，都要以职工的需求为导向。基层工会要注重研究职工的现实需求及变化趋势，制订有针对性的服务方案和服务措施，职工需要什么样的服务，工会就提供什么样的服务。职工之家建设要有职工的广泛参与，通过职工与工会组织的互动，尽可能深入、广泛、准确地整合职工的各种需求。职工之家建设只有根植于职工需求，才能永葆活力。

7. 职工之家建设的硬件要求是什么？

在职工之家建设中，为了更好地服务于职工，工会应建有固定的活动场所和宣传阵地，同时配备较为齐全的文体器材等活动休闲设施。

职工之家建设应根据不同单位的不同情况，建立适合本单位职工的活动阵地，并根据实际需要配备相应的设备设施，力求既经济节约，又实际有效。各级工会也会根据实际情况制定相应的验收评估标准。

8. 职工之家建设如何做到以职工需求为导向？

新形势下，各级工会干部要带着深厚的职工情怀，准确掌握职工需求，做到以需求为导向，精准服务，真正将工会建设成职工之家。具体来讲，可以从总结过去、结合现在、展望未来三方面开展工作。总结过去，就是总结以往职工之家建设的成功经验和失败教训，吸收长处、避免不足；结合现在，就是要调查了解清楚职工群众的真实需求，有针对性地开展工会工作；展望未来，就是不仅要考虑职工现在的需求，还要对职工需求的未来发展趋势进行分析，提前做好引导和服务工作，充分利用互联网等技术手段，更好地为职工服务。

微提示

需求导向理论是由美国营销专家劳特朋教授在 1990 年提出的，它以消费者需求为导向，重新设定了市场营销组合的四个基本要素：消费者（Consumer）、成本（Cost）、便利（Convenience）和沟通（Communication），它强调企业首先应该把追求消费者满意放在第一位，其次是努力降低消费者的购买成本，然后要充分注意到消费者购买过程中的便利性，最后还应以消费者为中心，实施有效的营销沟通。

将需求导向理论应用于工会工作，就是将职工的满意度和需求放在工会工作的第一位，并考虑提供职工服务的成本、职工享受服务所须付出的成本及便捷性。

9. 职工之家建设需要克服哪些问题？

在职工之家建设中，要注意克服以下三个问题：

（1）在服务职工的内容上，重视职工的外在有形需求，而忽视职工的内在实质需求，例如，有的工会只顾着开展文体、福利活动，却对职工权益维护相关工作不闻不问。文体活动、培训讲座、技能比赛、心理减压等活动虽然能够很好地满足职工的外在需求，但职工的民主权利、职业发展、经济权益维护等内在需求也不应该被忽视。

（2）在服务的提供方式上，有的工会不太重视职工的接受方式，往往是工会花费巨大精力设计策划了服务职工的内容和项目，但职工有时却有“被服务”的感觉，缺乏积极参与的热情。

（3）在服务的资源上，有的工会过于依靠内部资源，比较忽视外部资源的开发、整合和利用，只是就现有的“水”和现有的“泥”，只满足职工的基本服务需求，当面临职工多样化的需求时，就无所适从，无法满足。

10. 职工之家建设如何准确掌握职工需求？

了解和掌握职工需求是工会最基础性的工作，各级工会应该重点调查了解职工的真正需求。一般来讲，这里有以下几种做法：

（1）换位思考，即站在职工的角度来考虑他们的需求，了解他们所处的环境和他们的真正感受。

（2）开展职工需求调查，如一对一访谈、问卷调查、座谈会、实地考察、工会干部或职工代表的头脑风暴等，通过科学的调查去了解职工的情感、困惑以及面临的问题等。

（3）加强交流与沟通，通过建立内部正式或非正式的互动、沟通和反馈渠道，既了解不同职工的不同需求，也了解职工在不同时期的需求重点。

（4）外部了解，通过对职工家属、企业顾客、供应商、离职职工进行调查和访谈，间接了解职工的真实情况。

此外，在调查的基础上，工会还要做好分析工作，即认真分析职工反映出的问题或困惑背后真正的原因是什么？基层工会要针对真实准确的信息来设计工会工作的方案。

11. 什么是“双争”活动？

2015 年下发的《中华全国总工会关于在全国基层工会广

泛开展“争创模范职工之家、争做职工信赖娘家人”活动的通知》，其目标是以加强基层工会建设“落实年”为契机，通过开展“双争”活动，促进工会组织覆盖面明显扩大，服务职工能力明显提高，工会干部队伍素质明显提升，工会组织吸引力、凝聚力、战斗力明显增强，推动工会工作再上新台阶，让职工群众真正感受到工会是职工之家，工会干部是最可信赖的娘家人。

微链接

《中华全国总工会关于在全国基层工会广泛开展“争创模范职工之家、争做职工信赖娘家人”活动的通知》

12. 推进“双争”活动的方法措施有哪些？

（1）围绕重点内容推进。

“双争”活动要紧紧围绕以下重点内容来推进：一是做依法规范建会的模范；二是做组织服务农民工的模范；三是做教育引导职工群众的模范；四是做团结动员职工群众建功立业的模范；五是做维护职工合法权益的模范；六是做服务职工群众的模范；七是做“绝对忠诚党的事业、竭诚服务职工群众”的模范。

（2）坚持以需求为导向，实施精准服务。

在广大工会干部中开展以“如何建设职工之家”“如何成为职工信赖娘家人”为主题的学习研讨活动，找准基层工会发挥作用和工会干部履行职责中存在的突出问题，有针对性地寻找解决方案。同时，丰富活动载体，充分运用普遍开展会员评家、会务公开、会员代表大会代表常任制等做法，进一步创建基层工会能落实、工会干部能做到、职工群众能认可的工作品牌。

（3）以会员是否满意为衡量尺度。

把会员满意度作为衡量成效的重要标尺，组织开展会员评议职工之家、会员评议工会干部工作，并把评议结果作为评选模范职工之家和优秀工会工作者的重要依据。

第二部分

职工建家工作的内容

13. 职工之家建设的基本要求有哪些?

职工之家建设有六项基本要求，分别是:

(1) 健全组织体系。建立健全工会组织体系，配齐配好工会干部，吸引职工积极入会，职工入会率（含农民工、劳务派遣工）达到85%以上。

(2) 促进科学发展。围绕加快转变经济发展方式，深入开展多种形式的创先争优活动，激励职工立足岗位、勇创佳绩。

(3) 履行维权职责。建立完善各项维权机制，强化工会的维护职能，代表和维护职工的合法权益。

(4) 提高职工素质。充分发挥工会“大学校”作用，努力提高职工的思想道德素质、科学文化素质、技术技能素质、民主法治素质及健康安全卫生素质等。

(5) 服务职工群众。把职工最关心、最直接、最现实的利益作为工会工作的重点，认真倾听职工呼声，积极反映职工诉求，提出政策建议和主张。

（6）加强自身建设。提高工会自身建设的科学化水平，建设学习型、服务型、创新型工会，不断提高工会服务职工的能力。

微链接

《中华全国总工会关于进一步加强建设职工之家工作充分发挥基层工会工作的意见》第二条

14. 职工之家建设如何做到组织健全？

开展职工之家建设的前提是依法建立起工会组织，基层工会委员会是建家工作的主要组织者。因此，职工之家建设首先要保证组织健全。

（1）按照《工会法》的规定，符合条件的单位应当组建工会，同时组建工会经费审查委员会和女职工委员会。

（2）企业、事业单位、机关有会员 25 人以上的，应当建立基层工会委员会；不足 25 人的，可以单独建立基层工会委员会，也可以由两个以上单位的会员联合建立基层工会委员会，还可以选举组织员 1 人，组织会员开展活动。

（3）女职工人数较多的，可以建立工会女职工委员会，在同级工会领导下开展工作；女职工人数较少的，可以在工会委员会中设女职工委员。

（4）企业职工较多的乡镇、城市街道，可以建立基层工会联合会。

（5）县级以上地方建立地方各级总工会。

（6）工会委员会要按时换届选举，要单独设置工会工作机构，并且依法独立自主地开展工作。

（7）工会为独立法人机构，基层工会要依法进行工会法人资格或工会法人代表变更登记。

（8）加强会员会籍管理，职工（含农民工、劳务派遣工）入会率达到85%以上。

（9）发展会员后，可根据单位会员人数的多少，以行政班组或科室为单位建立工会小组。对于人数较多的企业，可以部门或车间为单位建立工会分会，以便于管理和开展活动为原则，民主选举产生工会小组长或分会主席。

微链接

《工会法》第十条第一款、第四十四条

《中国工会章程》第二十五条

15. 职工之家建设中如何确保基层工会组织的及时换届？

《工会法》第十五条规定：基层工会委员会每届任期三年或者五年。各级地方总工会委员会和产业工会委员会每届任期五年。《中国工会章程》第二十六条规定：工会基层委员会和经费审查委员会每届任期三年至五年，具体任期由会员大会或者会员代表大会决定。任期届满，应当如期召开会议，进行换届选举。

（1）换届选举工作的第一个阶段是准备和发动阶段，包括：一是召开工会委员会会议，讨论并通过召开工会会员（代表）大会的决定和工会换届改选工作方案，研究、确定筹备工作有关事项，并明确职责、落实分工。二是提出具体的大会工作方案，报同级党组织同意后，向上一级工会提出书面请示。三是召开所属分工会主席和工会小组长会议，动员部署召开工会会员（代表）大会有关事项，并运用各种形式对职工进行宣传教育，动员会员提高认识、统一思想。

（2）换届选举工作的第二个阶段是选举代表和组织酝酿工会“三委”委员候选人，即工会委员会、女职工委员会和经审委员会的候选人。单位党组织征求上级工会对工会正、副主席人选的意见。根据党管干部的原则，同级党组织在确定工会正、副主席候选人时，应事前与上级工会协商，并征得上级工会的同意，其形式为报送征求意见函。

（3）换届选举工作的第三个阶段是召开预备会议和正式会议阶段。召开预备会议，审议通过工会换届选举筹备情况工作报告、代表资格审查报告、大会主席团成员名单及大会议程。召开正式会议，审议通过工会工作报告、财务工作报告、经审工作报告（草案）和相应决议（草案）以及选举办法（草案）；通过大会选举工作人员及总监票人名单；通过工会“三委”委员候选人名单；组织进行选举；宣布当选“三委”委员名单；宣布当选工会正、副主席和经费审查委员会、女职工委员会主任、副主任名单。

（4）换届选举工作的第四个阶段是会议总结阶段。向本单位党组织和上级工会报告大会选举结果情况，报请上级工会审批，上级工会批复并按工会干部的管理权限抄送选举单位党、政。新一届工会委员会及时办理变更工会社团法人资格。做好大会精神的传达工作，贯彻大会决议，健全工会委员会、经费审查委员会、女职工委员会工作制度。最后做好会议文件、资料的整理和立卷归档工作。

工作指引

关于××公司工会第××届工会委员会、经费审查委员会选举结果的报告

××工会（上一级工会）：

××公司工会于××××年××月××日召开了第××次会员代表大会，应到会代表××人，实到会代表××人。大会以无记名投票和差额选举、等额选举的方式，选举产生了第××届工会委员会和经费审查委员会。×××、×××等××名同志当选为第××届工会委员会委员。×××、×××等××名同志当选为第××届经费审查委员会委员。

××××年××月××日召开第××届工会委员会第一次全委会，应到会委员××人，实到会委员××人，经无记名投票选举，×××当选为工会主席，×××当选为工会副主席。××××年××月××日召开经审会第一次全委会，应到会委员××人，实到会委员××人，经无记名投票选举，×××同志当选经审会主任。

特此报告，请审批！

××公司工会委员会

××××年××月××日

16. 小微企业的职工之家建设活动怎么开展？

当前，小微企业已成为繁荣经济、吸纳就业、促进民生不可或缺的力量，小微企业的健康发展和职工权益维护也关系着劳动关系和谐稳定与社会的和谐稳定。但小微企业规模小，职工人数少，场所和资源紧缺。因此，要创新性地开展小微企业的职工之家建设活动。

（1）建立工会组织。要想开展职工建家工作，需要先有“家”，即要先在小微企业中建立起工会组织。小微企业建会通常有两种方式：

一是组建区域（行业）工会联合会。即按照地域相近、行业相同的原则，在县以下建立区域性（乡镇、街道、工业园区）或行业性（餐饮、装潢建材、五金、副食品等）

基层工会联合会。工会联合会原则上至少配备一名专职工作人员，会员人数较多的应适当增加专职工作人员人数。二是建立联合工会。联合工会是会员或工会小组的联合体，由不具备独立成立工会委员会的单位的会员，如促销员、信息员、下岗失业人员、外来务工人员、家政服务员、医院护工以及各类灵活就业人员、自由职业者中的个体会员等组成，是最基层的工会组织形式。联合工会可以先行挂牌，由本级党组织和上级工会指派社区党建负责人、联络员或专职社会工作者、工会社会工作者作为联合工会的负责人，待条件成熟，经全体会员大会或会员代表大会民主选举产生联合工会委员会。建立联合工会须经上级工会批准，依法取得法人资格。联合工会应建立工会经费审查委员会或设经费审查员。工会服务站可直接发展会员并就近纳入联合工会管理。

（2）建设联合职工之家。依托基层工会联合会或联合工会开展职工之家建设。

一是集体维权。通过开展区域性行业性工资集体协商、签订集体合同、建立法律援助中心、召开区域性行业性职代会等方式来维护区域内企业，尤其是小微企业职工的权益。二是统筹资源，集体活动。充分利用区域或行业内的资源，集体开展活动，覆盖区域内企业，尤其是小微企业的职工。

工作指引

建立基层工会联合会的步骤

摸清辖区或行业所辖小型非公有制企业单位数、个体私营户个数及职工人数

↓

上级工会指导帮助开展组建筹备工作，确定该区域性行业性基层工会联合会机构成员设置，明确召开区域性行业性工会联合会代表大会名额分配，通过代表大会酝酿选举产生基层工会联合会

↓

基层工会联合会设主席1名，原则上由乡镇或街道党委副书记担任，副主席若干名（不驻会），专职副主席1名，可由工会社会工作者担任

基层工会联合会选举结果报上级工会批复，成立后的基层工会联合会按照《工会法》《中国工会章程》履行工会职能

微提示

统筹区域或行业内资源开展职工之家建设通常有三种做法：

（1）充分利用区域内的龙头企业，建立共享的职工之家。具体做法是找一家区域内的龙头企业，由该企业建立职工活动场所，并负责日常管理，工会可以出资购买活动设施设备、图书等资源，共建职工之家，由区域内职工共享职工之家资源。也可以由龙头企业出资建立职工活动场所，工会以购买服务的方式，由区域内职工共享职工之家的资源。

（2）充分整合区域内社区文化站、工商联活动中心、党员活动室、居民活动室等资源，面向区域职工开展丰富多彩的活动。

（3）做强基层工会服务站。采取会、站、家一体化推进的方法，在街道、乡镇、社区建立工会服务站，服务站内设置职工书屋、劳动争议调解室、心理减压室、多功能活动厅等，向区域内企业尤其是小微企业的职工开放，提供服务。

17. 职工之家建设中如何配齐配好工会干部？

优秀得力的工会干部是职工之家建设和开展基层工会工作的关键，配备工会干部的相关要求有：

（1）会员在 25 人以下的企业、事业单位的工会，设主席或组织员 1 人，确因工作需要，经上级工会同意，也可以设工会委员会委员 3 人；200 人以下的，设工会委员会委员 3 人至 7 人；201 人至 1000 人的，设工会委员会委员 7 人至 15 人；1001 人至 5000 人的，设工会委员会委员 21 人至 29 人．

（2）职工 200 人以上的企业、事业单位的工会，可以设专职工会主席。工会专职工作人员的人数由工会与企业、事业单位协商确定。

（3）经费审查委员会委员名额一般为 3 人至 7 人。经费审查委员会设主任 1 人，必要时可设副主任 1 人。

（4）工会主席、副主席任期未满时，不得随意调动其工作。因工作需要调动时，应当征得本级工会委员会和上一级工会的同意。罢免工会主席、副主席必须召开会员大会或者会员代表大会讨论，非经会员大会全体会员或者会员代表大会全体代表过半数通过，不得罢免。

微链接

《工会法》第十三条、第十七条

《工会基层组织选举工作条例》第七条

18. 职工之家建设中如何加强会员发展和会籍管理工作？

（1）加大会员发展力度，最大限度地把广大职工组织到工会中来。

（2）切实做好农民工会员发展工作，积极探索运用多种形式，把农民工吸引到工会和工会活动中来。

（3）加强对职工特别是农民工服务类社会组织的团结、联系和吸纳，通过服务和活动吸引凝聚职工，充分发挥工会枢纽型社会组织的作用。

（4）推进会员管理工作制度化、规范化、信息化，健全会员档案，做好会员登记和会员证发放工作，积极推进会员实名制管理，通过举行职工入会仪式等多种途径增强会员意识。

（5）完善“源头入会、凭证接转、属地管理”机制，畅通会员组织关系接转渠道。

工作指引

工会组建工作流程图

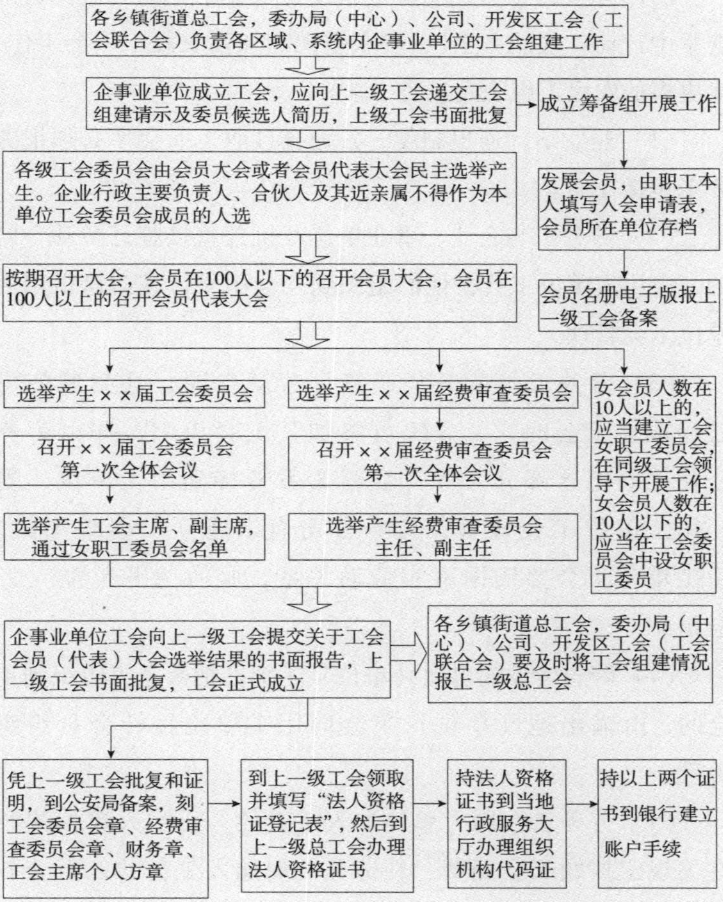

19. 职工之家建设中如何做好农民工入会工作?

2015 年 4 月，全国总工会下发了《关于开展“农民工入会集中行动”实施方案》，要求重视和加强农民工入会工作，将更多的农民工组织到工会中来。

(1) 建立统计通报制度，各地统计职工入会率必须把劳务工包括在内。

(2) 劳务工与企业、事业单位及机关直接签订劳动合同的，由用人单位工会将他们组织到工会中来，其会籍由用人单位工会管理。

(3) 劳务工与劳务公司签订劳动合同，且劳务公司已经成立工会的，劳务工可参加其工会组织，并由劳务公司工会把这部分劳务工会籍关系转接到用工单位，委托用工单位工会代管；劳务公司尚未建立工会组织的，用工单位工会要依据事实劳动关系，吸收劳务工加入工会组织。

(4) 跨省劳务输出地（单位）工会已把劳务工组织到工会的，由输出地（单位）工会向用工单位接转会员组织关系。

(5) 劳务工在用人单位加入工会的，由用人单位按照有关规定拨缴工会经费；在劳务公司加入工会的，由劳务公司拨缴工会经费，其工会经费的留成部分可依据会员开展活动的具体情况，由劳务公司工会与用工单位工会双方协商使用。

（6）所在单位没有建立工会，职工可申请加入单位所在地的基层工会联合会或联合工会。待所在单位建立工会后，将会员关系转入所在单位工会。

（7）加入工会后换了公司或换了城市工作的会员，会员资格有效，会员组织关系随劳动关系流动，更换工作单位或工作地点后，以出示会员证的方式，将工会组织关系接转到新的用工单位工会。

要求入会的职工向所在单位工会提出书面（口头）申请，填写《中华全国总工会入会申请书》和《工会会员登记表》，报基层工会委员会。基层工会委员会接到职工的入会申请书后，应及时研究审查接纳职工入会事项，批准后发给其《中华全国总工会会员证》。

微提示

新形势下，为了贯彻落实中央党的群团工作会议精神，加强工会改革，现在许多地方工会都在推进职工（农民工）网上申请入会转会工作。开通网上申请入会转会工作平台地区的职工，可以通过点击登录用户端，自主选择，提交申请。当地工会负责人会根据工作安排，在网上受理职工（农民工）的入会转会申请。目前，湖北宜昌市总工会等地已经建立了完善的网上入会转会服务平台。

20. 如何以职工之家建设促进单位科学发展?

(1) 要通过职工之家建设，充分调动职工推动单位科学发展的积极性和主动性，同时通过建家工作，不断提升职工的综合素质，激发职工的智慧和潜能，促进单位科学发展，将职工之家建成效益之家。

(2) 深入开展多种形式的“创先争优”、建功立业活动，持续形成劳动竞赛热潮。

(3) 深入开展以增强自主创新能力为重点、以合理化建议和“五小”活动为内容的职工技术创新活动，推动单位创新发展。

(4) 加强劳动模范或先进工作者的培养、评选、表彰、宣传和管理，激励职工立足岗位，勇创佳绩。

微提示

企业工会的工作原则是“促进企业发展，维护职工权益”。这是中国工会不同于西方工会的一个特点。工会应以职工之家建设为载体，组织教育引导职工关心企业、热爱企业，为促进企业发展贡献智慧和力量，在此基础上维护好职工的合法权益，表达好职工的合理诉求。

21. 职工之家建设中如何加强职工技术创新工作?

(1) 广泛开展职工技术创新活动。新形势下，要围绕增强企业自主创新能力，深入实施以推动技术创新为主题、以开发具有自主知识产权及核心技术为重点的职工技术创新活动，引导和鼓励职工积极参加小革新、小发明、小改造、小设计、小建议的“五小”活动，在技术创新的实践中发挥聪明才智，在原始创新、集成创新和引进消化吸收再创新上多出成果。

（2）深入开展职工技能提升活动。广泛开展岗位练兵、技术比赛、技术培训、技术交流、师徒帮教等活动，进一步调动职工学技术、练技能的积极性，提高职工的学习能力、实践能力和创新能力。

（3）积极开展劳模（职工）创新工作室创建活动，带动更多的职工参与技术创新。劳模（职工）创新工作室通过开展定期的培训、研讨、技术交流及持续性的项目研发，带动更多的职工提升技能水平和创新能力。

（4）完善技术创新人才的激励机制。加大对优秀技术创新人才和创新成果的表彰和奖励力度，引导企业积极开展选树“首席员工”“金牌工人”，评选“能工巧匠”“创新能手”等活动，充分发挥他们的示范引领作用，大力营造尊重科学、崇尚技能、大胆创新的良好氛围，努力培育有利于职工技术创新的企业文化，充分调动职工技术创新的积极性。

微链接

《国务院办公厅关于强化企业技术创新主体地位全面提升企业创新能力的意见》

22. 职工之家建设中如何提高职工参与劳动竞赛的积极性?

新形势下，要发挥好职工之家建设在推进单位发展方面的作用，其有效途径之一是组织职工开展好劳动竞赛。为了确保劳动竞赛的效果，设计劳动竞赛活动方案必须把握以下三个方面:

(1) 劳动竞赛要与企业的生产经营活动有机结合起来。劳动竞赛必须贴近企业的实际，与单位的中心工作有机结合。劳动竞赛可以涵盖的活动内容比较丰富，要真正取得实效，必须按照企业不同阶段的中心工作确定劳动竞赛活动的重点或主题。另外，要把劳动竞赛的成果体现在企业的生产经营活动中，体现在提高经济效益和社会效益上，为单位的中心工作服务。

(2) 劳动竞赛要不断地发展创新。传统劳动竞赛往往把眼睛盯在产量、速度上。在新形势下，劳动竞赛要以质量、技能、安全、效益、管理、文明等综合目标的评价来比高低，通过竞赛，促使企业由速度型向效益型转变，行业由大向强转变。劳动竞赛的设计要抛弃人海战术，充分发挥科技人员的作用，努力达到科技人员与工人结合、脑力劳动与体力劳动结合、劳动技术与劳动热情结合，通过劳动竞赛营造一个尊重知识、尊重人才的氛围。最后，要突出技术创新，要把技术创新融入劳动竞赛，结合企业实际，围绕技术革新、扭亏增盈、降本增效和节能减排等，倡导职工用科技和创新推动企业的发展。

（3）劳动竞赛要有合理的激励机制。合理的激励机制是劳动竞赛能保持旺盛生命力的源泉，也是调动和发挥职工积极性，勇于为推动单位发展做贡献的重要保障。首先，要注重科学考核，制订严密科学的考核方案，细化每一项考核程序，坚持以量化考核为主，综合考核为辅的原则，力争做到公平、公正、公开，力求实效；其次，要加大奖励力度，提高奖励标准，增强职工“靠本事上岗，凭贡献取酬”的竞争意识；最后，要加强对脱颖而出的青年职工的职业关怀，对活动中涌现出的“技术标兵”“技术状元”“金牌职工”等，选送他们参加培训学习，切实发挥他们在单位发展中的作用，在入党、提干、晋职等方面优先考虑，给予他们更好的职业发展。

23. 职工之家建设中如何通过合理化建议发挥职工的创造力？

企业内员工发现现行办事手续、工作方法、工具、设备等，有改善的地方而提出建设性的改善意见或构思，称为提案或建议。企业选择优良且有效的提案或建议加以实施，给予提案者或建议者适当的奖励，并在系统内适时推广，这种系统地处理员工提案或建议的方法，被称为改善提案制度或合理化建议制度。

合理化建议的工作程序是：一是设立专门组织机构。通常成立由企业党政领导担任主任，工会主席担任副主任的领导机构，合理化建议办公室设在工会，负责活动的日常组织、协调、推进。二是建立《群众性合理化建议管理办法》，明确各单位、各职能部门的责任和任务，为合理化建议工作的有效开展提供组织和制度保障。三是定期征集职工合理化建议，或以月、季度、半年甚至年为单位，畅通职工合理化建议征集的渠道，鼓励职工及时提交合理化建议。四是对职工合理化建议进行评审、立项及反馈。能给予办理或答复的，要在答复中明确办理时间和办理责任人；不能办理的，要明确说明不能办理的原因。在办理的过程中，需要当面说明和交流的，要责成专人负责。对问题目的和原因不明确的，要由责任部门通过电话等手段问询清楚。在答复的过程中，需要领导答复的，必须向领导问询清楚后答复。五是督促合理化建议的落实。答复之后，需要落实的，必须落实到位。对应落实事项，要有督办流程和管理部门。工会应将每一条建议的处理落实情况以《群众性合理化建议反馈卡》的形式反馈到建议者本人，征求建议者对建议的处理、落实、答复情况的意见。对回复“不满意”的建议，责令相关单位继续做工作，直到建议人满意。六是优秀成果推广。工会根据实际情况采用召开成果发布会、用员工名字命名等方式，对优秀建议给予奖励。

微提示

合理化建议的评审标准可以参考以下方面：

（1）以事实和数据为依据，反映制约质量管理的突出问题。（20分）

（2）切实可行，操作性强。（20分）

（3）具有创意，能有效解决质量管理工作中存在的具体问题。（20分）

（4）运用先进的管理方法，具有科学性、先进性。（20分）

（5）有效促进质量管理水平和能力的提升。（20分）

24. 职工之家建设中如何发挥好劳模（职工）创新工作室的作用？

劳模（职工）创新工作室是以在技术研发、专业技能等方面有一定的理论水平、工作经验和创新能力的知名劳模、高技能人才、技术技能领军人物为负责人，以本企业、本行业技能人才和优秀职工为主要成员，以提高自主创新能力和职工素质为目的，围绕生产经营、技能人才培养和企业重点、难点问题等开展技术创新、管理创新活动的职工团队。

建立劳模（职工）创新工作室应符合以下标准：一是有模范带头人，创新工作室主要依托劳动模范中的高技能人才、中华技能大奖获得者等技术能手，以及部分掌握传统技能、民间绝技的手工艺大师等，创新工作室可以由该带头人名字命名。二是有骨干团队，以一线技能人才为主体组成技术骨干团队，团队人数不少于3人。三是有场所设施，有开展活动所需的独立、固定场所和配套设备，购置必要的专业资料。四是有活动经费，所在单位设立专项经费支持创新工作室活动的开展。五是有完整、成文的规章制度，并在实践中不断完善。六是有明确的工作目标，有相应的工作计划。七是有规范完备的台账，全面记录工作计划、工作流程、攻关项目、创新成果、考核考评情况等。

微链接

《中华全国总工会办公厅关于推荐申报全国示范性劳模创新工作室的通知》

25. 职工之家建设中设立首席员工制有什么好处？

首席员工是企业员工中席位和职位最高的员工，是企业的“尖子工人”“金牌工人”，是职工学习及工作的典型和模范。

首席员工的岗位是企业的关键工种、关键部门、关键工序中的技术密集型岗位。首席员工制是一种长效激励机制，帮助优秀员工实现专业技术领域的自我价值。它与岗位管理结合，在岗位序列中设立“首席岗位”；与薪酬待遇结合，享有一定的“首席岗位津贴”。“首席员工”有严格的评审条件，评选的是企业内部技术工种的带头人、岗位技能竞赛中脱颖而出的“技术尖子”。

首席员工制度的建立可以弥补岗位工资分配制度的缺陷，有利于推动分配制度改革，为企业岗位竞争注入了新的活力，有利于营造事业留人、价值留人的环境。

26. 职工之家建设中如何做到维权到位？

维护职工的合法权益是工会的基本职责，在职工之家建设过程中，要突出履行好工会的维权职责，将职工之家建成维权之家：

（1）建立和完善以职工代表大会为基本形式的民主管理制度，推行厂务公开，公司制企业实施职工董事监事制度，确保职工的民主参与权。

（2）建立平等协商和集体合同制度，通过集体协商解决涉及职工切身利益的重大问题。

（3）指导和帮助职工签订劳动合同，依法妥善处理劳动争议纠纷，提供法律援助，推动和谐劳动关系建设。

（4）协助和督促企业落实国家各项涉及职工权益的法律法规。

（5）积极推动工会劳动保护工作，维护职工的生命和健康权。

（6）维护女职工的特殊权益。

微提示

工会要维权到位，应抓好四个机制建设：

（1）利益协调机制：协调好单位与职工的经济、政治、文化等利益关系。

（2）诉求表达机制：为职工搭建畅通的诉求表达渠道。

（3）矛盾调处机制：及时调解单位与职工之间的劳动纠纷。

（4）利益分配机制：完善单位利益分配制度。

27. 职工代表大会的性质和任务是什么？

我国《宪法》《劳动法》《工会法》《企业民主管理规定》等法律法规都对民主管理和职工代表大会有着明确的规定。职工代表大会是职工行使民主管理权力的机构，是企业民主管理的基本形式。

职工代表大会是企业管理制度的一部分，是广大职工参与企业管理的重要形式，是广大职工依法享有知情权、表达权、参与权、监督权、选举权的权力机构。职工代表大会是企业民主管理无可替代的基本形式。

28. 职工之家建设中如何落实职工代表大会的职权？

根据《企业民主管理规定》的规定，职工代表大会有五项职权，分别是审议建议权、审议通过权、民主选举权、民主监督权和其他职权。

审议建议权主要包括两方面的内容：一是听取企业主要

负责人关于企业发展规划、年度生产经营管理情况，企业改革和制定重要规章制度情况，企业用工、劳动合同和集体合同签订履行情况，企业安全生产情况，企业缴纳社会保险费和住房公积金情况等的报告，提出意见和建议；二是审议企业制定、修改或者决定有关劳动报酬、工作时间、休息休假、劳动安全卫生、保险福利、职工培训、劳动纪律以及劳动定额管理等直接涉及劳动者切身利益的规章制度或者重大事项方案，提出意见和建议。

审议通过权是审议通过集体合同草案，按照国家有关规定提取职工福利基金使用方案，住房公积金、社会保险费缴纳比例和时间的调整方案，劳动模范的推荐人选等重大事项。

民主选举权是选举或者罢免职工董事、职工监事，选举依法进入破产程序企业的债权人会议和债权人委员会中的职工代表，根据授权推荐或者选举企业经营管理人员。

民主监督权是指审查监督企业执行劳动法律法规和劳动规章制度情况，民主评议企业领导人员，并提出奖惩建议。

其他职权是指法律法规规定的其他职权。

国有企业和国有控股企业职工代表大会除行使上述职权外，还行使下列职权：

一是听取和审议企业经营管理主要负责人关于企业投资和重大技术改造、财务预决算、企业业务招待费使用等情况的报告，专业技术职称的评聘、企业公积金的使用、企业的改制等方案，并提出意见和建议；二是审议通过企业合并、分立、改制、解散、破产实施方案中的职工裁减、分流和安置方案；三是依照法律、行政法规、行政规章规定的其他职权。

微链接

《企业民主管理规定》第十三条、第十四条

29. 职工之家建设中如何落实厂务公开制度?

根据《企业民主管理规定》的有关规定，实施厂务公开的要求有以下内容。

（1）企业应当建立和实行厂务公开制度，通过职工代表大会和其他形式，将企业生产经营管理的重大事项、涉及职工切身利益的规章制度和经营管理人员廉洁从业相关情况，按照一定程序向职工公开，听取职工意见，接受职工监督。

（2）企业主要负责人是实行厂务公开的责任人。企业应当建立相应机构或者确定专人负责厂务公开工作。

（3）企业实行厂务公开应当遵循合法、及时、真实，有利于职工权益维护和企业发展的原则。实行厂务公开应当保守企业商业秘密以及与知识产权相关的保密事项。

（4）企业应当向职工公开下列事项：一是经营管理的基本情况；二是招用职工及签订劳动合同的情况；三是集体合同文本和劳动规章制度的内容；四是奖励处罚职工、单方解除劳动合同的情况以及裁员的方案和结果，评选劳动模范和优秀职工的条件、名额和结果；五是劳动安全卫生标准、安全事故发生情况及处理结果；六是社会保险以及企业年金的缴费情况；七是职工教育经费提取、使用和职工培训计划及执行的情况；八是劳动争议及处理结果情况；九是法律法规规定的其他事项。

（5）国有企业、集体企业及其控股企业除公开上述相关事项外，还应当公开下列事项：一是投资和生产经营管理重大决策方案等重大事项，企业中长期发展规划；二是年度生产经营目标及完成情况，企业担保情况，大额资金使用、大额资产处置情况，工程建设项目的招投标情况，大宗物资采购供应情况，产品销售和盈亏情况，承包租赁合同履行情况，内部经济责任制落实情况，重要规章制度制定等重大事项；三是职工提薪晋级、工资奖金收入分配情况，专业技术职称的评聘情况；四是中层领导人员、重要岗位人员的选聘和任用情况，企业领导人员薪酬、职务消费和兼职情况，以及出国、出境费用支出等廉洁自律规定执行情况，职工代表大会民主评议企业领导人员的结果；五是依照国家有关规定应当公开的其他事项。

微链接

《企业民主管理规定》第三章

30. 职工之家建设中如何落实职工董事、职工监事制度？

根据《企业民主管理规定》的有关规定，落实职工董事、职工监事制度的相关要求有以下几个方面。

（1）公司制企业应当依法建立职工董事、职工监事制度，支持职工代表大会选举产生的职工代表作为董事会、监事会成员参与公司决策、管理和监督，代表和维护职工合法权益，促进企业健康发展。

（2）公司应当依法在公司章程中明确规定职工董事、职工监事的具体比例和人数。职工董事的人数一般应占公司董事会成员总数的四分之一，董事会成员人数较少的，其职工董事至少为1人；职工监事的人数不得少于监事会成员总数的三分之一。工会主席、副主席应当作为职工董事、职工监事候选人选，公司高级管理人员和监事不得兼任职工董事、职工监事。

（3）职工董事、职工监事候选人由公司工会根据自荐、推荐情况，在充分听取职工意见的基础上提名，经职工代表大会全体代表过半数通过方可当选，并报上一级工会组织备案。职工董事、职工监事不履行职责或者有严重过错的，经三分之一以上的职工代表联名提议，职工代表大会全体代表过半数通过可以罢免。

（4）职工董事的职权有：一是参加董事会会议，行使董事的发言权和表决权；二是就涉及职工切身利益的规章制度或者重大事项，提请召开董事会会议，反映职工的合理要求，维护职工合法权益；三是列席与其职责相关的公司行政办公会议和有关生产经营工作的重要会议；四是要求公司工会、公司有关部门和机构通报有关情况并提供相关资料；五是法律法规和公司章程规定的其他权利。

（5）职工监事的职权有：一是参加监事会会议，行使监事的发言权和表决权；二是就涉及职工切身利益的规章制度或者重大事项，提议召开监事会会议；三是监督公司的财务情况和公司董事、高级管理人员执行公司职务的行为，监督检查公司对涉及职工切身利益的法律法规、公司规章制度的贯彻执行情况，监督劳动合同和集体合同的履行情况；四是列席董事会会议，并对董事会决议事项提出质询或者建议，列席与其职责相关的公司行政办公会议和有关生产经营工作的重要会议；五是要求公司工会、公司有关部门和机构通报有关情况并提供相关资料；六是法律法规和公司章程规定的其他权利。

微链接

《公司法》第四十四条、第五十一条

《企业民主管理规定》第四章

31. 职工之家建设中如何落实集体合同制度？

（1）准备阶段。主要工作包括：成立平等协商集体合同制度的领导机构，由企业党组织、行政、工会的领导3—5人组成，吸收有关部门负责人参加，负责签订集体合同的领导、组织、监督、检查工作；做好宣传、培训工作利用广播、板报、橱窗、网络、举办培训班等多种形式，宣传平等协商集体合同制度的重要意义、作用及《劳动法》《工会法》《集体合同规定》等法律法规的有关规定；产生双方协商代表，企业方和职工方，每方代表为3—10名，双方人数对等。

（2）平等协商、形成合同草案阶段。主要工作包括：由企业行政和工会双方组成集体合同文本起草小组，起草小组应就集体合同涉及的内容，广泛征求职工代表和职工群众的意见和建议，在此基础上拟定集体合同草案和相关说明；将合同文本草案发送给协商代表，反复进行平等协商；根据双方代表协商达成一致的意见，由起草小组对草案进行修改；如在协商过程中发生重大争议，由平等协商集体合同领导小组协调解决。

（3）职工（代表）大会审议签订集体合同阶段。主要工作包括：职工（代表）大会预备审议，在职工（代表）大会召开会议前一周，将合同文本（草案）发给职工代表，在广泛征求职工群众意见的基础上，召开职工代表团（组）会进行审议，由起草小组集中审议意见后，再次修改（草案）后形成正式合同文本（草案）；召开职工（代表）大会正式审议，行政方代表全文宣读集体合同文本，由企业工会主席做集体合同文本的起草说明，然后按照无记名投票表决方式对合同文本（草案）进行表决通过；双方首席代表签字，即由企业法人代表与工会主席分别代表各自方在合同文本上正式签字。

（4）集体合同审查登记、公布实施阶段。主要工作包括：集体合同自签字之日起7日内，企业将集体合同文本报送劳动和社会保障部门登记备案，同时企业工会报送上一级工会；集体合同审查生效后，在15日内向全体职工公布，并认真组织实施；集体合同领导小组定期或不定期对集体合同履行情况进行监督检查，并将执行结果向职工（代表）大会报告。

微链接

《劳动法》第三十五条

《劳动合同法》第五十四条

《集体合同规定》

32. 集体合同的内容有哪些？

集体合同是指企业职工一方与用人单位就劳动报酬、工作时间、休息休假、劳动安全卫生、保险福利等事项，通过平等协商达成的书面协议。

集体合同的内容应当包括：劳动报酬，工作时间，休息休假，保险福利，劳动安全与卫生，合同期限，变更、解除、终止集体合同的协商程序，双方履行集体合同的权利和义务，履行集体合同发生争议时协商处理的约定，违反集体合同的责任，双方认为应当协商约定的其他内容。

33. 职工之家建设中工会如何帮助和指导职工签订劳动合同？

（1）工会代表职工与企业协商确定劳动合同文本的主要内容和条件，为职工签订劳动合同提供法律、技术等方面的咨询和服务，监督企业与所有职工签订劳动合同。

（2）工会对企业违反法律法规和有关合同规定解除职工劳动合同的，应提出意见，并要求企业将处理结果书面通知工会。工会应对企业经济性裁员事先提出同意或否决的意见。

（3）监督企业、引导职工严格履行劳动合同，依法督促企业纠正违反劳动合同的行为。

微链接

《劳动合同法》第六条

《企业工会工作条例》第十八条

34. 职工之家建设中工会如何保障职工的生命健康权？

（1）建立健全工会劳动保护的“三级网络”组织体系，完善工会劳动保护监督检查组织，充实人员、建立制度、落实经费、补齐装备，为企业工会劳动保护监督检查工作奠定基础。

（2）加强劳动安全卫生的宣传教育培训。督促企业采取灵活有效的方式，每年有计划、有重点、有针对性地对职工进行安全操作规程、安全基础知识、应对突发事件能力的培训，引导广大职工自觉遵章守纪，抵制违章操作，掌握安全技能，增强自我保护意识；协助企业加大对特殊工种职工的教育培训力度，严格执行持证上岗制度；加强班组安全教育培训，建设“安全合格班组”，夯实劳动安全卫生基础；深化“安康杯”竞赛活动，不断丰富“安康杯”竞赛活动的内涵，教育引导职工珍爱生命，规范操作，并立足岗位，提出劳动安全卫生的合理化建议。

（3）加强劳动安全卫生监督检查。监督检查“三同时”制度的落实情况，即新建、扩建、改建工程项目的劳动保护设施严格与主体工程同时设计、同时施工、同时投产；监督检查劳动保护措施经费的提取、使用情况；监督检查企业的劳动保护设施，发现问题，提出口头或书面的建议，限期解决；发挥职工民主监督的作用，企业有关劳动安全卫生的制度、规定、重大措施、方案等要向职工公开，接受职工的监督；组织职工开展“查找隐患，平等协商，签订协议，跟踪落实，持续改进”的闭环式监督；加强对集体合同或劳动安全卫生专项集体合同贯彻落实情况的监督；加强现场巡查监督，对查出的问题和隐患，以书面形式告知企业，并督促整改；督促企业依法参加工伤保险，为职工缴纳工伤保险费用。

（4）依法主动参与事故调查处理。企业发生职工死亡事故和严重职业危害事件，各级工会组织应在第一时间赶赴事故现场，全面了解事故发生情况，及时向上级工会报告；在抢险救援阶段，积极配合党政，做好受伤职工救治、伤亡职工家属的安抚稳定及应急处置工作；在参与调查过程中，要客观、公正、实事求是地开展调查；在事故处理过程中，要旗帜鲜明地依法维护职工的合法权益，坚持事故原因未查清不放过、责任人员未处理不放过、整改措施未落实不放过、有关人员未受到教育不放过的“四不放过”原则；在事故善后处理工作中，要依法维护遇难职工家属和受伤职工的权益，使遇难职工家属得到合法、合情、合乎政策的赔偿和补偿。

（5）发现违章指挥、强令工人冒险作业，或在生产过程中发现明显重大事故隐患和职业危害、危及职工生命安全时，有权向企业行政或现场指挥人员提出停产解决的建议。如建议无效，应及时支持或组织职工拒绝操作，撤离危险现场。

（6）维护女职工和未成年工的特殊权益。

微提示

《工会劳动保护监督检查员工作条例》《基层工会劳动保护监督检查委员会工作条例》《工会小组劳动保护检查员工作条例》，简称工会劳动保护监督检查“三个条例”。

35. 如何通过职工之家建设提高职工队伍的整体素质？

在职工之家建设的过程中，要注重发挥工会的“大学校”作用，不断提高职工素质，将职工之家建成学习之家：

（1）认真落实《全国职工素质建设工程五年规划（2015—2019年）》，丰富职工素质提升载体和渠道，不断提升职工的思想道德素质、科学文化素质、技术技能素质、民主法治素质和健康安全卫生素质。

（2）通过道德讲堂、劳模讲堂等多种方式的主题教育活动，弘扬中国工人阶级的伟大品格和劳模精神，用社会主义核心价值体系教育和引领职工。

（3）通常多种形式的职工培训，开展技能大赛、劳模创新工作室等活动，倡导终身学习的理念，不断提高职工的科学文化和技术技能素质。

（4）开展丰富多彩的职工文化建设，不断丰富职工的精神文化生活，用群众性精神文明建设和文化体育活动，满足职工群众的精神文化需求。

微提示

根据《全国职工素质建设工程五年规划（2015—2019 年）》的有关规定，职工素质包括五大素质：思想道德素质、科学文化素质、技术技能素质、民主法治素质和健康安全卫生素质。

36. 职工之家建设中如何开展好职工文体活动？

开展丰富多彩、职工喜闻乐见的文体活动，能陶冶情操，增强体质，增进员工之间的交流，促进企业文化建设。工会要利用好职工之家的文体活动阵地和设施，有效开展好文体活动，丰富职工的精神文化生活，增强单位的凝聚力：

（1）要发挥好文体骨干的作用。要使单位文体骨干成为单位小范围内的明星，给他们展示自己的机会，让大家通过他们看到文艺体育活动的魅力和参与的乐趣，进而吸引大家参与进来。

（2）要制订好文体活动的实施方案。员工文体活动方案要围绕着企业文化来设计，活动的主题要能反映出企业的核心价值观；员工文体活动的形式要新颖、活泼，要与员工的特点和需求相吻合。员工文体活动的整体环节要设计得严谨周密，每个细节都要有所考虑，确保活动实施的顺利。为了使文体活动能得到员工的认可和良好的效果，文体活动方案的设计应该邀请员工积极参与，多征求职工的意见和好的建议。例如，可以通过微信发布活动主题及形式，请大家参与选择或提供更好的文案，确保方案既能反映企业文化，又能符合职工需求。

（3）要充分利用好企业文体活动设施。充分利用职工之家的设施设备，根据职工队伍的情况，成立各类文体活动兴趣小组或协会，合理安排好各个小组和协会的活动时间，使职工之家成为职工交流感情、开展活动、展示才华、凝聚共识的地方。

微提示

《中共中央关于加强和改进党的群团工作的意见》指出，群团组织要牢固树立以群众为本的理念，健全依靠所联系群众推进工作制度。以群众喜闻乐见、便于参加的形式和方法开展工作，组织活动请群众一起设计，部署任务请群众一起参与，表彰先进请群众一起评议。

37. 职工之家建设中如何增强教育引导职工的实效性?

中央党的群团工作会议强调，各级工会要充分发挥作用，教育和引导职工践行社会主义核心价值观，不断提高广大职工的道德素养，激发职工奋发向上、崇德向善的正能量:

（1）要将教育引导职工贯穿于工会各项工作中。工会的各项实际工作与教育引导职工工作不是割裂开来的，而是相互融通、相互促进的。很多时候，教育引导职工不在于工会怎么说，而在于工会怎么做。因此，工会通过送温暖、困难职工帮扶、职代会提案落实、职工权益维护、职工参与企业民主管理等一项项工作，为职工解决一个个实际问题，表达一个个诉求，办理一件件实事，以此来凝聚职工、温暖职工、感召职工，传递主流价值观，这样的效果是华丽的语言无法替代的。

（2）要将教育引导职工融入职工文化建设中。丰富多彩的职工文化活动是教育引导职工的有效载体和不可或缺的形式。工会要发挥好组织优势和宣传阵地的作用，积极探索和发展形式活泼、喜闻乐见的职工文化活动，振奋精神、凝聚力量、陶冶情操。

（3）开展各种形式的职工教育培训活动。通过职工大讲堂、劳模讲述会、职工读书活动、职工书屋等形式，在职工中大力弘扬劳动精神、劳模精神和工人阶级伟大品格；注重对职工的人文关怀、心理疏导和情绪引导，突出做好农民工、青年职工和知识分子等职工群体的思想工作。

（4）要将教育引导职工根植于职工思想调查的基础上。工会工作的对象是广大职工群众。因此，要想增强教育引导职工的有效性，就必须准确了解职工思想状况，有的放矢地开展工作。工会要定期开展职工思想状况调查，加强对职工思想发展的预测，准确把握职工思想脉搏，针对职工的思想实际开展工作。

38. 职工之家建设能不能完全借鉴别的单位的做法？

不同单位具有不同特点，因此职工之家建设不是一概而论的，不能完全借鉴别的单位的做法，而应该结合本单位实际，制订切实可行的工作方案：

（1）不同所有制、不同规模及不同类型的基层单位，因职工工作生活方式不同、群体特点不同、需求不同，工会工作的重点也会不同，因而建家工作的重点也有所不同。

（2）地方工会在制定职工之家建设的具体要求和考核标准时，要根据不同情况，制定有针对性的考评办法，分类指导，促进建家。

（3）各基层工会在上级工会要求的基础上，要把工会工作的重点放在基层，深入实际，贴近职工，了解需求，精准服务。要认真研究职工中出现的新问题和新情况，以此作为工会工作的出发点和落脚点，不断创新工会工作的方式方法，以工会工作的创新性和有效性赢得职工之家的评选。

（4）国有企业工会要围绕生产经营搞好服务，保障职工参与管理和监督的民主权利，组织职工为企业改革发展献力献策。非公有制企业工会要围绕构建互利双赢的劳动关系，代表和维护职工合法权益，促进企业科学发展、和谐稳定。机关工会要围绕机关中心工作，开展群众性精神文明创建活动，不断丰富职工精神文化生活。事业单位工会要围绕深化分类改革、促进事业发展，做好职工思想政治工作，不断提升公益服务水平。区域（行业）基层工会联合会要有效指导所属单位工会开展工作，推动区域（行业）性维权和服务机制建设。

微提示

各地在制定职工之家评选办法及考评标准时，会针对不同性质的单位制定不同的标准，基层工会要结合实际开展工作，并对照标准准备考核验收。

39. 机关职工之家建设的重点是什么？

根据机关单位职工的特点及全国总工会《机关工会工作暂行条例》的要求，机关单位职工之家建设的重点是：

（1）加强对职工进行中国特色社会主义理论体系教育，深入开展党的基本理论、基本路线、基本纲领、基本经验、基本要求教育，培育和践行社会主义核心价值观，不断提高机关职工的政治理论、思想道德、科学文化和业务素质水平。

（2）动员组织职工围绕机关中心工作，开展创先争优活动，做好先进工作者的评选、表彰、培养、管理和服务工作。

(3) 加强和改进职工思想政治工作，注重人文关怀和心理疏导，开展群众性精神文明创建、文化体育活动，丰富职工精神文化生活，推动机关文化建设。

(4) 配合党政机关贯彻落实《中华人民共和国公务员法》等法律法规，维护机关职工合法权益，协助党政机关解决涉及职工切身利益的问题。

(5) 做好困难职工帮扶工作，组织职工参加疗养、休养及健康体检，努力为职工办实事、做好事、解难事，促进和谐机关建设。

(6) 加强调查研究，反映机关职工意见和建议，参与机关内部事务的民主管理、民主监督，促进机关内部事务公开，保障职工的知情权、参与权、表达权、监督权，推进机关廉政建设。

微链接

《关于进一步加强建设职工之家工作充分发挥基层工会作用的意见》第三条

《关于新形势下加强基层工会建设的意见》第十四条

《机关工会工作暂行条例》

40. 科研、教育、文化、卫生、体育等事业单位职工之家建设的重点是什么？

这些单位在开展建家活动时，要结合本行业、本系统的特点，着力推进基层民主政治建设，组织职工参与本单位的民主管理和民主监督，开展院务、所务、校务等内部事务公开，积极反映职工的愿望和要求，协助有关方面提高职工思想道德和业务素质，调动职工的积极性和创造性。

微链接

《中华全国总工会关于在新形势下深入开展建设职工之家活动的意见》第九条

41. 国有企业职工之家建设的重点是什么?

国有企业工会工作有着较好的基础，职工之家建设也日臻成熟，但随着形势的变化，国有企业工会面临的职工队伍结构、劳动关系状况较以前有很大不同，因此，职工之家建设要体现时代性，围绕大局、立足职工，坚持需求导向，做好精准服务：

（1）落实三大制度，促进企业民主管理，确保职工参政议政。国有企业的职代会制度、厂务公开制度及职工董事监事制度已有较好的基础，但要更加注重丰富民主管理的内容和载体，认真落实职代会的职权，发挥好职代会提案的作用，做到事事有落实，件件有回音；创新厂务公开的载体形式，扩大厂务公开的内容，尤其是对职工关心的“三重一大”和党风廉政建设等方面的内容不回避；职工董事、职工监事要真正代表职工参与企业管理。

(2) 突出维护职工合法权益，关心职工生活，促进劳动关系和谐。尤其是在当前，部分国企面临着去产能化的严峻形势，工会要充分发挥维护的作用，在国有企业改革中维护职工的合法权益。建立健全平等协商集体合同制度，协商解决涉及职工切身利益的重大问题；做好劳动保护、劳动安全卫生工作，协助和督促企业行政落实国家各项劳动保护、劳动安全卫生、女职工和未成年工特殊保护的法律法规。

(3) 关心职工生活，帮助职工办实事、做好事、解难事，加强人文关怀，关心职工身心健康，促进劳动关系稳定和谐，履行好帮扶特困职工"第一责任人"的职责，尽力为特困职工和困难职工提供帮助。

(4) 在职工文化企业文化建设上求创新。一方面，加强职工之家阵地建设，丰富职工活动场所，例如建设职工活动中心、职工书屋、职工心理咨询室、职工减压室、职工文化长廊、职工技能训练室等，完善硬件设备设施；另一方面，要充分利用这些阵地资源，将职工文化活动常态化，精准服务职工。

微提示

国有、集体企业职工之家建设要认真对照标准，查找差距，把工作重点放在提高建家水平和增强工会活力上。

42. 非公企业职工之家建设的重点是什么？

（1）根据实际情况开展工作。非公企业规模不同，有的是世界500强的大型企业，员工上万，且分布全球各地，企业管理和运行方式是国际化的；有的是从几百人到数千人的中型企业，有着较完善的组织体系和管理架构，运行比较规范；还有的是几十人甚至几个人的小微型企业，规模小、人数少，活动资源和场所都有限，应根据实际情况开展工作。

（2）工作有所侧重。非公企业职工之家建设的内容可以侧重于以下几个方面：一是规范工会组织建设，同时亮明工会身份，让员工知晓工会；二是监督企业改善劳动安全卫生条件，执行国家有关工作时间、休息休假等规定，按时足额发放职工工资，为职工缴纳养老、医疗、失业等社会保险金；三是依法拨缴工会经费，并将经费用于职工活动中；四是开展职工文体活动，活跃企业文化氛围，满足职工的精神文化需求。

（3）推进因地制宜。非公企业职工之家建设要围绕共建共享的原则，促进企业发展，维护职工权益，推动和谐劳动关系的建设。面对不同的企业对象，要按照建会、建制、建家同时推进的要求，因地制宜地开展工作。在组建工会的同时，要求建立完善相关的工会工作制度，同时建设职工之家。

（4）小型非公企业要把依法规范工会组织建设，监督企业改善劳动安全卫生条件，执行国家有关工作时间、休息休假等规定，按时足额发放职工工资，为职工缴纳养老、医疗、失业等社会保险金，依法拨缴工会经费等，作为建家工作的重要内容，切实为职工办实事。

微提示

非公企业工会要适应企业特点，打好基础，规范起步，切实提高规范建设水平。

微链接

《中华全国总工会关于在新形势下深入开展建设职工之家活动的意见》第八条

43. 乡镇、街道及社区工会职工之家建设的重点是什么？

乡镇、街道及社区工会要认真组织所属基层工会开展职工之家建设活动，要从实际出发，积极探索适应乡镇、街道及社区工会开展建家活动的内容和形式。

乡镇、街道及社区工会职工之家建设的基本要求是抓好所辖企业工会组建工作和自身组织建设，配备必要的专职工会干部；积极协调所辖区域的劳动关系，做好劳动争议处理工作；直接承担基层工会难以承担的维权工作，努力为职工群众办实事；加强对基层工会干部的培训和保护等。

44. 基层工会如何争创模范职工之家？

在“争创模范职工之家、争做职工依赖娘家人”的活动中，基层工会应立足工会职能，围绕七个方面加强和推进基层工会工作：

（1）做依法规范建会的模范。各类企事业特别是非公有制经济组织、社会组织要依法规范建立工会组织，小微企业通过基层工会联合会或联合基层工会实现覆盖，提高基层工会规范化建设水平。

（2）做组织服务农民工的模范。深入了解农民工的现实诉求，在对农民工的思想引领、技能提升、权益维护和困难帮扶等方面，要让广大农民工实实在在地感受到工会组织的关心和帮助。

（3）做教育引导职工群众的模范。在广大职工群众中培育和践行社会主义核心价值观，开展以职业道德为重点的“四德”教育，深化“中国梦·劳动美”主题教育，大力弘扬劳模精神、劳动精神和工人阶级伟大品格，团结动员广大职工通过辛勤劳动、诚实劳动、创造性劳动托起中国梦。

（4）做团结动员职工群众建功立业的模范。组织开展具有行业特色的劳动竞赛和经济技术创新活动，通过技术革新、技术协作、小发明小创造等活动，引导职工为企业科学发展贡献力量，投身大众创业、万众创新。引导职工树立终身学习理念，立足岗位成长成才，不断学习新知识、掌握新技术、增长新本领，努力成为知识型、技术型、创新型职工。

（5）做维护职工合法权益的模范。大力构建和发展和谐劳动关系，坚持“促进企业发展，维护职工权益”的企业工会工作原则，认真落实劳动合同、集体合同和职工代表大会制度，依法保障职工基本权益。以一线职工、农民工、困难职工等为重点群体，突出维护职工的劳动报酬、休息休假、劳动安全卫生、社会保险、职业技能培训等劳动经济权益。深入开展和谐劳动关系创建活动，最大限度增加和谐因素，最大限度减少不和谐因素，促进社会和谐稳定。

（6）做服务职工群众的模范。坚持把群众路线作为工会工作的生命线和根本工作路线，把工作重心放在最广大的普通职工身上，全心全意为职工群众服务。

（7）做“绝对忠诚党的事业、竭诚服务职工群众”的模范。以“绝对忠诚党的事业、竭诚服务职工群众”作为工会干部的价值追求，坚定不移走中国特色社会主义工会发展道路，把“三严三实”作为修身、做人、用权、律己的基本遵循，提高履职能力，真正成为职工群众信赖的娘家人。

微链接

《中华全国总工会关于在全国基层工会广泛开展“争创模范职工之家、争做职工依赖娘家人”活动的通知》

45. 什么是建设职工小家活动？

建设职工小家活动是指秉承“建家就是建基层”的理念，依托基层车间、班组（科室）的工会分会或工会小组来开展职工之家建设活动，是推动工会将工作重点放在基层，激发基层工会活力的举措。

46. 基层职工小家建设的重点是什么？

（1）加强工会分会、工会小组建设，由会员直接选举工会分会负责人和工会小组长，建立一支热心为职工群众服务的积极分子队伍。

（2）建立健全班组民主管理、民主参与、民主监督制度，定期召开民主管理会议，坚持各项公开制度，积极反映职工群众的意愿和要求。

（3）发扬团结友爱和集体主义精神，搞好互助互济，帮助职工解决实际困难。

（4）组织职工进行政治业务学习，不断提高思想觉悟和职业技能，开展群众性经济技术创新活动，努力完成生产工作任务。

（5）严格执行各项安全生产、劳动保护制度，不断改善职工生产作业环境，加强安全生产、劳动保护检查监督，做好女职工和未成年工的保护工作。

（6）加强职工小家阵地建设，因地制宜，开展形式多样、丰富多彩的文体活动，满足职工的精神文化需求。

47. 职工之家建设的激励约束措施有哪些？

（1）全国总工会每五年集中表彰一批全国模范职工之家、全国模范职工小家、全国优秀工会工作者、全国优秀工会积极分子、全国优秀工会之友；届中评选表彰一批全国模范职工之家、全国模范职工小家、全国优秀工会工作者。对于做出突出成绩的先进基层工会和优秀工会干部，由省（部）级工会即时推荐申报，由全国总工会授予荣誉称号。对获得全国模范职工之家称号的企事业单位工会和工会主席，上级工会和本单位可以给予适当物质奖励。全国总工会在表彰全国模范职工之家的同时，对建家工作成绩突出的省级工会，给予通报表扬。

（2）评选表彰模范职工之家、优秀工会工作者与评选五一劳动奖状、奖章有机结合。对已获得各层级模范职工之家称号、经会员民主测评连续三年以上获得满意等次的基层工会和工会主席（副主席），可优先推荐申报本地或上级五一劳动奖状、奖章。全国总工会在表彰全国模范职工之家和全国优秀工会工作者的同时，对其中事迹特别突出的先进单位和先进个人分别授予全国五一劳动奖状和全国五一劳动奖章。

（3）全国总工会每年组织部分获得全国模范职工之家称号单位的工会主席参加疗休养活动。

（4）基层单位及其党政负责人拟推荐申报工会系统评选

表彰的各层级五一劳动奖状、五一劳动奖章等荣誉的，其工会组织必须荣获相应层级的模范职工之家称号。

（5）切实落实会员评家制度，以会员满意度为标准，定期对获得荣誉称号的基层工会进行复查。对会员不满意的应提出限期整改要求，逾期未改或经整改仍达不到要求的，撤销其荣誉称号。对会员测评不满意的工会主席（副主席），所在单位党组织和上级工会应在核实的基础上对其进行诫勉谈话；连续2年会员仍不满意的，应按照《中国工会章程》的有关规定对其进行组织调整。对3年内未达到合格职工之家标准的基层工会，上级工会应采取措施予以整顿。

微链接

《中华全国总工会关于进一步加强建设职工之家工作充分发挥基层工会作用的意见》第三部分

第三部分

职工建家工作的方法

48. 职工之家建设的程序是什么?

（1）创建实施。基层工会根据职工之家建设的内容，积极创建职工之家，并争创先进或模范职工之家。如果过去是已经验收合格的职工之家，须自检自查，没有达到要求的，须进行整改；如果尚未开展职工之家建设，基层工会须根据上级工会下发的建家要求及本单位或区域职工的特点，制订出具体的建家规划，认真开展建家活动。

（2）下发通知。职工之家建设通常采取分级管理的原则，上级工会下发先进职工之家或模范职工之家的评选通知。通知一般包括总体要求、申报名额、申报条件、考评办法及标准、申报材料及相关的要求。

（3）考核申报。各基层工会按照上级工会下发通知的要求和标准进行自查，将自查情况报告本单位的会员代表大会或会员大会进行讨论，大会讨论通过后，基层工会征求党政领导的意见，经同意，向上级工会提出职工之家晋级申报申请。

（4）充分准备。决定申报先进或模范职工之家的基层工会，还需要准备必要的材料及档案。基层工会要按照上级工会的要求认真准备申报材料，并及时上报材料。

（5）验收审批。上级工会在收到申报申请后，按照通知的要求和标准，对申报单位进行实地检查验收，对于符合条件的单位授予职工之家称号，给予命名、挂牌和下发通知。

（6）复查验收。各级职工之家原则上每年进行一次复查验收，各级工会在自查的基础上，将自查结果向会员代表大会或会员大会报告。上级工会根据情况进行抽查复验。复验中符合标准的单位，继续保留原有称号；复验优秀的，可提出晋级意见；复验不符合标准的，提出限期整改意见；严重不符合标准的，给予终止或撤销称号的意见。

49. 什么是职工之家建设的分级管理？

（1）中华全国总工会负责制定全国建家工作的总体规划，对各省、各产业工会的建家工作进行部署和指导，负责评选和表彰全国模范职工之家、全国模范职工小家。

（2）省总工会负责制定各省建家工作的总体规划和实施办法，负责省级模范职工之家、模范职工小家的评定，负责向全国总工会推荐全国模范职工之家和全国模范职工小家。

（3）市总工会负责制定全市建家工作的实施细则，对全市各级工会开展建家工作进行具体指导，负责市总工会和省级产业工会先进职工之家、先进职工小家的评定，负责向省总工会推荐省级模范职工之家、省级模范职工小家。

（4）各区、县（市）、开发区总工会和产业工会制定本级实施意见和考核评分细则，负责本级职工之家、职工小家的评选和管理，负责市级先进职工之家、职工小家的推荐和申报，负责组织所属乡镇（街道、园区）、村（社区、楼宇）工会及基层工会开展建家活动，分类指导，培育典型。县（市、区）、镇、街道、省级工业园区工会负责合格职工之家的评定和向上一级工会推荐先进职工之家。

（5）乡镇（街道、园区）、村（社区、楼宇）工会做好本级和所属基层工会的建家活动，并向上一级工会推荐先进职工之家、职工小家，乡镇（街道）总工会可评选和管理本级先进职工小家。

（6）基层工会积极开展建家活动，负责先进职工小家的管理。

微链接

《中华全国总工会关于继续深入开展建设职工之家活动的决定》第二条

50. 职工之家建设的四个等级是怎样确定的？

职工之家建设原则上分为四个等级：合格职工之家、先进职工之家、省（部）级模范职工之家和全国模范职工之家。

（1）合格职工之家，是指基层工会按照上级工会制定的职工之家建设的基本要求和标准，结合本单位的实际，进行职工之家创建活动。经会员评议、群众认可后向上一级工会写出书面报告，请上级工会考核确定。

（2）先进职工之家，是指直接领导基层工会的市（地）、县（区）工会和地市产业工会，从本地区和本产业的实际出发，制定评选先进职工之家的具体办法和标准。每年从合格职工之家中评选命名一批先进职工之家。

（3）省级（部）模范职工之家，是指省、自治区、直辖市总工会和铁路、民航等以产业领导为主的全国产业工会，从本地区和产业的实际出发，制定评选省级模范职工之家的具体办法和标准。一般每2—3年集中评选表彰一次。省级模范职工之家由市（地）总工会和省产业工会推荐申报，由省总工会或相应全国产业工会评定命名。

（4）全国模范职工之家，是指全国总工会每5年召开全国工会代表大会时，集中评选表彰一批全国模范职工之家。全国模范职工之家由省、自治区、直辖市总工会和全国产业工会推荐申报，由全国总工会评定命名。

51. 职工之家建设中如何落实群众为主的原则？

职工群众是建家的主体，建家必须依靠职工，建家目标必须经职工认可，建家方案必须经职工讨论通过，建家过程必须有职工参与，建家成果必须由职工享受。

52. 职工之家建设中需要健全哪些组织机构？

基层工会应该建立健全工会委员会、经费审查委员会、女职工委员会、劳动争议调解委员会、劳动保护监督检查委员会等组织。同时，要按期换届并及时取得工会法人资格；公司工会下属的分（子）公司要按规定建立工会组织；要按规定配置专、兼职工会主席和工作人员，为了给持续建家提供组织保障，职工入会率须达到85%以上。

微链接

《中华全国总工会关于在新形势下深入开展建设职工之家活动的意见》

《中华全国总工会关于进一步加强建设职工之家工作充分发挥基层工会作用的意见》

53. 职工之家建设中需要建立完善哪些管理制度？

在职工之家评审前，工会要完善工作中的各项管理制度，包括企业民主管理制度、平等协商集体合同制度、劳动争议调解制度、工会经费计提和使用管理制度等，并在实践中不断完善，为开展建家工作提供依据。

微链接

《企业工会工作条例》第五条、第二十二条

54. 全国模范职工之家评选的条件有哪些?

全国总工会通常会以各省及产业工会基层工会数、会员数及工会干部数为基础，综合考虑各省的工作实绩、地区行业平衡等因素，统筹协调分配各省的全国模范之家和全国模范职工小家的名额，具体的评选条件为：

（1）评选推荐对象为基层工会委员会，区域性、行业性基层工会联合会，乡镇（街道）工会、村（社区）工会等。

（2）申报单位应具有省级模范职工之家或全国双爱双评先进企业工会、全国百家示范乡镇（街道）工会称号；特大型企业集团工会申报全国模范职工之家，其二级单位获得省级以上模范职工之家称号须达到60%以上。

（3）在促进本单位科学发展、维护职工合法权益、构建和谐劳动关系、服务职工群众、加强工会自身建设等方面做出突出成绩，职工（含农民工、劳务派遣工）入会率在90%以上，会员评家满意度在90%以上。

（4）申报全国模范职工之家必须经所在单位会员（代表）大会无记名投票决定，同意票率达不到85%的不能申报。

微链接

《关于评选申报全国模范职工之家、全国模范职工小家的通知》

小贴示

××省关于职工之家建设的阵地和硬件建设标准

● 重点骨干企业

重点骨干企业职工之家的使用面积应达2000平方米以上，各种工作和活动设施齐全，达到16个“有”的标准：

(1) 有劳动争议调解室；

(2) 有职工心理辅导室和职工帮扶室（可挂两块牌子）；

(3) 有劳模工作室和职工技术创新工作室（可挂两块牌子）；

(4) 有300个以上座位的电影放映室；

(5) 有藏书量达5000册以上的职工书屋；

(6) 有5张以上球台的乒乓室；

(7) 有5张以上球台的台球室；

(8) 有50台以上电脑的电子阅览室；

(9) 有5套以上健身设备的健身房；

(10) 有6张以上桌子的棋牌室；

(11) 有职工卡拉OK室；

(12) 有职工教育培训场所；

(13) 有室外篮球、羽毛球等活动场地；

(14) 有3人以上专兼职管理人员；

(15) 有一定的经费保障；

(16) 有各种活动管理制度（上墙）和工作活动台账。

● 规模企业

规模企业应建立功能相对齐全的职工之家，达到9个

"有"的标准：

（1）有综合性的劳动争议调解室和职工帮扶室；

（2）有藏书量达2000册以上的职工书屋；

（3）有综合性健身室（含乒乓球、台球等设施）；

（4）有棋牌活动室；

（5）有条件的企业可建20台以上电脑的电子阅览室；

（6）有职工教育培训场所；

（7）有专兼职管理人员；

（8）有经费保障；

（9）有各种活动管理制度（上墙）和工作活动台账。

- 规模以下企业

规模以下企业（中小企业）可根据企业实际情况建设职工之家，做到有必要的工作阵地和活动场所，先创建，后规范，有条件的企业可参照规模企业的创建标准进行实施。

55. 全国模范职工小家的评选条件有哪些？

全国模范职工小家的评选推荐对象为基层工会委员会下属的分厂、车间（科室）、班组工会分会（小组）。

申报对象应具有省级模范职工小家称号，并在调动职工群众工作积极性，开展互助互济，帮助职工解决实际困难，改善职工生产、工作和休息环境等方面做出了突出贡献。

56. 全国模范职工之家和全国模范职工小家的评选推荐程序是什么？

（1）基层工会按条件申报全国模范职工之家、全国模范职工小家。申报单位通过会员（代表）大会或其他方式征求会员群众意见，并在所在单位进行公示。

（2）县（市、区）、市总工会和省各产业工会在充分听取各方意见的基础上，对申报集体和个人进行审查后予以推荐，由市总工会和省产业工会上报至省总工会。

（3）省总工会严格按照评选条件和分配名额进行审查，经省总常委会讨论通过后予以公示，公示结束报全国总工会基层组织建设部。

57. 全国模范职工之家或全国模范职工小家的评选推荐材料有哪些？

按照全国总工会的要求，县（市、区）、市总工会要按照填报材料说明认真指导申报单位填报材料，并将材料及时申报省总工会；省总工会在认真审核并进行公示的基础上，将申报材料上报全国总工会：

（1）填写全国模范职工之家申报登记表或者是全国模范职工小家申报登记表。

（2）创建职工之家或职工小家的事迹材料。

（3）创建职工之家或职工小家的规划、档案资料、图片音像等资料。

（4）所在单位会员（代表）大会无记名投票，同意票率在85%以上。

（5）必要的硬件条件，如职工书屋、活动场地、心理咨询室等的介绍资料或图片资料。

工作指引

申报××省模范职工之家公示

根据《关于评选表彰××省模范职工之家、××省模范职工小家、××省优秀工会工作者的通知》文件精神，经校党委同意和市总工会推荐，校工会拟申报××省“模范职工之家”。

近几年来，校工会围绕学校中心工作，把维护广大教职工的利益、营造和谐温馨的工作氛围作为学校工会工作的出发点和落脚点，认真履行好维护、参与、教育和建设的四大职能，发挥工会组织的桥梁和纽带作用，增强工会的吸引力和凝聚力，促进学校事业发展的优质化、生态化，为构建和谐校园作出了贡献。

根据相关文件要求，现将申报事宜进行公示。如有异议请在7日内向校党委反映。

联系电话：××××××××

××市××中学

××××年××月××日

58. 省级模范职工之家和模范职工小家的申报条件是什么？

省级模范职工之家、省级模范职工小家是省总工会授予工会先进集体的荣誉称号，具体申报条件及程序由各省总工会下发通知或管理办法，通常的要求有：

（1）省级模范职工之家的评选对象为省区域内依法建立的企业、事业、机关、社会组织等基层工会委员会，乡镇（街道）、开发区（园区）工会以及其他县以下区域性、行业性基层工会，县（市、区）总工会。

（2）省级模范职工小家的评选对象为基层工会委员会下属的分厂、车间（科室）、班组工会分会（小组）等。

（3）按照职工之家建设的要求，组织健全，维权到位，服务职工，作用明显，职工依赖，党政满意。

（4）申报省级模范职工之家、职工小家，须有市级模范职工之家、职工小家或其他市级以上的综合性荣誉称号。

（5）职工（含农民工、劳务派遣工）入会率在95%以上，会员评家满意度在90%以上。

59. 省级模范职工之家和模范职工小家的评选程序是什么？

（1）所在单位按有关条件申报，申报单位通过会员（代表）大会或其他方式征求会员群众意见，并在所在单位公示。

（2）地方工会或产业工会在充分听取各方意见的基础上，对申报单位进行考核验收。

（3）验收符合条件的，经有关民主程序审查后，报省总工会。

（4）省总工会评审表彰工作领导小组进行审查。

（5）省总工会常委会议审议通过，并在一定范围内公示。

（6）公示无异议后给予命名表彰。

60. 先进职工之家的评选验收条件和程序是什么？

先进职工之家的评选通常由地方工会负责，地级及以上市和省级产业工会原则上每2—3年评选命名一次先进职工之家和先进职工小家。先进职工之家和先进职工小家由各市总工会、各省级产业工会根据各自实际制定验收实施细则进行验收、评定。

（1）先进职工之家和先进职工小家采取由基层工会组织申报，逐级推荐，命名单位验收、评定的办法。

（2）推荐先进职工之家和先进职工小家应由本单位工会委员会研究，工会会员（代表）大会民主评议通过后，向上一级工会提出申报，提请上级工会验收、评定。凡被作为推荐对象的单位，必须经本单位职工民主评议，获得80%以上职工认可方能向上级工会申报。

（3）上级工会对基层工会申报的建设先进职工之家、先进职工小家工作进行评审验收。评审验收工作要坚持民主、公开的原则。

（4）先进职工之家的授予机关原则上每两年对获得称号的单位进行一次复查验收，复验合格，确认其保持荣誉称号；如复验不符合标准，应提出限期整改的要求，整改期限不超过半年；逾期未改的应撤销其称号。

微提示

优秀职工之家的考评验收方法通常有以下几种：一是听取工会主席关于职工之家建设的汇报；二是验收组就相关问题进行提问；三是验收组查阅相关档案；四是召开职工座谈会听取职工意见；五是验收组到实地查看。

61. 企业生产经营困难或企业改制兼并后职工之家如何考评验收？

（1）对生产经营遇到暂时困难，企业各项工作不能正常进行的，经该企业工会组织提出要求，可以暂缓验收，但暂缓期限不超过 1 年。

（2）改制企业的先进、模范职工之家验收及荣誉称号归属分为三种情况：一是改制后工会组织体制变化不大，经验收符合条件的，确认保留其荣誉称号；二是改制后原工会组织不存在，形成两个或两个以上新的企业工会组织，经过对其新的企业工会组织进行复验，其中符合条件的企业工会组织，确认为先进、模范职工之家；三是不符合条件的企业工会组织，应重新创建先进、模范职工之家。

（3）已获得先进、模范职工之家称号的企业兼并其他企业并形成新的企业，应对兼并后的新企业（重点是被兼并部分）进行复查验收，符合条件的给予确认保持荣誉称号。

（4）对已获得先进、模范职工之家称号的企业被其他企业兼并或破产的，撤销其称号，不再复验。

（5）对已获得先进、模范职工之家称号的企业与其他企业联合组成企业集团的，该企业以子公司、分公司（具有二级法人资格）等形式存在，原工会组织体制和领导班子没有较大变化，对该子公司或分公司的建家工作进行复查验收，符合条件的确认保留其荣誉称号。

微提示

不同省、自治区、直辖市所制定的《职工之家管理办法》在具体内容上会有一些不同，因此不同地区的工会应根据本地区规定做好相关工作。

62. 哪些情况下不能评为先进及模范职工之家、先进及模范职工小家？

通常情况下，出现下列情况之一的，不能被评定为先进及模范职工之家、先进及模范职工小家：

（1）工会组织机构不健全，包括工会委员会、经费审查委员会、女职工委员会等和工会班子不健全，不按时换届，工会干部待遇未落实的。

（2）国有、集体及其控股企业、事业单位、机关单位未按规定召开职工（代表）大会，或在落实职工（代表）大会职权方面存在突出问题的；未实行厂务（校务、院务、所务、机关内部事务等）公开制度的；非公有制单位未建立职工（代表）大会、厂务公开或与其所有制相适应的职工民主管理制度的。

（3）企业及企业化管理的事业单位未建立集体协商、集体合同制度和劳动争议调解组织的，未开展工资集体协商的，近3年内发生拖欠职工工资案件的。

（4）公司制企业未落实职工董事、职工监事制度的。

（5）企业近3年内有违反劳动安全卫生的法律法规和有关规定，发生人员死亡的生产安全责任事故和严重职业病危害事件的。

（6）工会经费未依法按时足额拨缴的（含基层工会部分）。

（7）职工（含各种用工形式的职工）入会率未达85%的。

（8）未建立会员评家制度的。

（9）因劳动争议引起群体性、突发性事件的。

微提示

以上内容是职工之家建设的核心内容，也是申报先进及模范职工之家、先进及模范职工小家的基础要件，申报单位应给予重视。

63. 什么是会员评家？

会员评家是指由工会会员评议本单位工会开展工作情况、建设职工之家情况以及工会主席（副主席）履行职责情况。

会员评家是加强基层工会民主建设的重要内容，是密切工会与会员群众关系的客观需要，是深化职工之家建设发展的有效机制。

微提示

会员评家是职工之家评选考核的必经程序。

64. 会员评家的基本内容有哪些？

（1）健全组织体系。基层工会委员会、经费审查委员会、女职工委员会等组织健全，单独设置工会工作机构，依法独立自主开展工作；工会主席（副主席）的产生符合有关规定，工会委员会按期换届选举；依法进行工会法人资格或工会法人代表变更登记；有单独的工会财务账号，独立使用工会经费；加强专兼职工会干部、积极分子队伍建设；加强会员会籍管理，职工入会率达到85%以上。

（2）促进科学发展。深入开展各类形式的劳动竞赛，推动企事业单位发展；广泛开展合理化建议、技术革新、技术协作和发明创造等群众性经济技术创新活动，激发干部职工的创新活力；加强劳动模范（先进工作者）的培养、评选、表彰、宣传和管理，激励职工立足岗位、建功立业。

（3）履行维权职责。建立平等协商和签订集体合同制度，协商解决涉及职工切身利益的重大问题；指导和帮助职工签订劳动合同，依法妥善处理劳动争议纠纷，提供法律援助，构建和谐劳动关系；坚持和完善以职工代表大会为基本形式的民主管理制度，推行厂务公开，落实职工代表大会各项职权；公司制企业依照有关规定选举职工代表参加董事会和监事会，参与企业管理；协助和督促行政落实国家各项涉及职工权益的法律法规。

（4）实施素质工程。发挥工会的“大学校”作用，积极开展“共筑理想信念、共促科学发展”主题教育活动，以社会主义核心价值体系引领职工；深入开展“创建学习型组织，争做知识型职工”活动，加强职工教育培训，提高职工整体素质；开展群众性精神文明创建和文化体育活动，推动职工文化和企业文化建设。

（5）服务职工群众。关心职工疾苦，倾听职工呼声，积极反映职工的意愿和要求；热心服务职工群众，努力为职工做好事、办实事、解难事；开展送温暖活动，履行帮扶特困职工“第一知情人”“第一报告人”“第一协调人”的职责。

（6）加强自身建设。工会领导成员坚持民主集中制，密切联系群众，廉洁自律，管好用好工会经费和资产；健全各项组织制度、工作制度，基础资料齐全；坚持会员（代表）大会制度，完善会员代表常任制，实行会务公开，接受会员群众民主评议和监督；深入开展职工之家建设、“双爱双评”活动，按照会员群众意愿开展活动，提升工会工作水平。

微链接

《中华全国总工会关于开展会员评议职工之家活动的意见》

65. 会员评家的方式方法有哪些?

（1）会员评家通过召开会员（代表）大会来进行，每年至少评议一次。

（2）会员评家主要评议基层工会开展工作、职工之家建设的情况，评议工会主席（副主席）履行职责的情况。

（3）会员评家前应将评议内容、评议标准告知会员，做好组织发动和准备工作，并向上级工会报告。

（4）工会主席（副主席）在会员（代表）大会上报告工会工作及职工之家建设情况，并就个人履行职责情况进行述职。会员（代表）对工会工作、职工之家建设情况和工会主席（副主席）在进行民主评议的基础上，以无记名投票方式进行测评，测评可分为满意、基本满意和不满意三个等次，当场公开民主测评结果。

（5）会员评家的结果应报同级党组织和上一级工会，并作为考核基层工会工作和工会主席（副主席）的重要依据。对会员群众民主评议、民主测评中反映的突出问题，该基层工会应向会员（代表）群众反馈整改措施。

66. 会员评家的操作程序是什么？

（1）评议之前1周，应将评议内容、评议标准、评议方式预告会员，并向上级工会报告。

（2）工会主席向会员（代表）大会作本年度工会工作和建家工作情况报告。

（3）在民主评议的基础上，以无记名投票方式进行测评。

（4）向会员（代表）大会报告评议结果。

（5）国有企业、国有控股企业和企业化管理的事业单位，其工会主席是单位领导班子成员的，可与民主评议领导班子工作结合进行，评议结果应向会员（代表）大会报告。

（6）会员评议职工之家和评议工会主席（副主席）议程可合二为一，列入会员（代表）大会议程。两项评议结果应作为会员（代表）大会的决议内容，并以书面形式报同级党组织和上级工会。

（7）会员评议职工之家和评议工会主席（副主席）后，基层工会要根据会员（代表）大会的评议情况进行分析，结合会员群众和上级工会、同级党政的意见，研究提出整改意见和措施，解决问题，改进工作，并向会员（代表）反馈。

工作指引

基层工会会员评家民主测评表

	序号	测评内容	标准分值	测评分	意见或建议
健全组织体系	1	基层工会委员会、经费审查委员会、女职工委员会等组织是否健全（3分）；是否单独设置工会工作机构（2分）；是否依法独立自主开展工作（2分）	7		
	2	工会主席（副主席）的产生是否符合有关规定（2分）；工会委员会是否按期换届选举（2分）	4		
	3	工会是否进行了法人资格登记（2）；是否有单独工会财务账号，独立使用工会经费（2）	4		
	4	加强专兼职工会干部、积极分子队伍建设	2		
	5	本单位职工入会率是否达到85%以上	3		
促进科学发展	6	以创建“工人先锋号”“五一先锋集体”等为主要载体，开展劳动竞赛等活动	5		
	7	开展合理化建议、技术革新、技术协作和发明创造等群众性经济技术创新活动	5		
	8	加强劳动模范的培养、评选、表彰、宣传和管理，激励职工立足岗位、建功立业	3		

（续表）

	序号	测评内容	标准分值	测评分	意见或建议
履行维权职责	9	是否建立平等协商和签订集体合同、女职工权益保护专项集体合同制度（3分）；是否开展工资集体协商（2分）；是否协商解决涉及职工切身利益的重大问题（2分）	7		
	10	指导和帮助职工签订劳动合同（2分）；依法妥善处理劳动争议纠纷，提供法律援助，构建和谐劳动关系（2分）	4		
	11	是否建立了职工代表大会等民主管理制度（3分）；是否推行厂务公开（2分）	5		
	12	协助和督促行政落实国家各项涉及职工权益的法律法规	3		
实施素质工程	13	积极开展各种职工教育活动，以社会主义核心价值体系引领职工	4		
	14	深入开展“创建学习型组织，争做知识型职工”活动和女职工提素质立新功活动，加强职工教育培训，提高职工整体素质	4		
	15	开展群众性精神文明创建和文化体育活动，推动职工文化和企业文化建设	5		

（续表）

	序号	测评内容	标准分值	测评分	意见或建议
服务职工群众	16	关心职工疾苦，倾听职工呼声，积极反映职工的意愿和要求	5		
	17	热心服务职工群众，努力为职工做好事、办实事、解难事	5		
	18	开展送温暖活动，履行帮扶特困职工“第一知情人”“第一报告人”“第一协调人”的职责	5		
加强自身建设	19	工会领导成员坚持民主集中制，密切联系群众，廉洁自律	3		
	20	管好、用好工会经费和资产	4		
	21	健全各项组织制度、工作制度，基础资料齐全	3		
	22	是否坚持会员（代表）大会制度（3分）；是否实行会务公开，接受会员群众民主评议和监督（3分）	6		
	23	深入开展建设职工之家活动，按照会员群众意愿开展活动	4		
总分合计			100		
测评结果					

67. 如何落实会员评家制度？

（1）把会员民主测评满意等次作为评价基层工会工作和评选先进的依据。

（2）对获得满意等次的基层工会和工会主席（副主席），可作为推荐申报本级或上级各类先进集体、先进个人的依据。

（3）对连续 3 年以上获得满意等次的模范职工之家的基层工会和工会主席（副主席），可作为推荐申报本地工会或上级工会五一劳动奖状、奖章的依据。

（4）对获得满意等次的基层工会和工会主席（副主席），上级工会和本单位可以给予适当奖励。

（5）对会员民主测评不满意的基层工会，限期 1 年内进行整改；会员仍不满意的，对已获得合格、先进、模范职工之家称号的，上级工会可撤销其称号。

（6）对会员测评不满意的工会主席（副主席），所在单位党组织和上级工会应在核实的基础上对其进行诫勉谈话；连续 2 年会员仍不满意的，应按照《中国工会章程》和有关规定程序对工会主席（副主席）进行调整。

（7）基层单位及其党政负责人拟推荐申报工会系统评选表彰的各类先进，会员评家必须达到满意等次。

68. 创建先进或模范职工之家的方案怎么写？

创建先进或模范职工之家的方案由以下几部分组成：

（1）创建指导思想。讲清创建依据、指导思想、创建原则、建家的目的及意义。

（2）创建组织机构。设领导小组，由该党组织的书记任组长，行政领导、工会主席任副组长，分管领导与相关部门主要负责人为成员，统一领导建家工作。

（3）创建目标与任务分解。明确单位的发展目标、核心业务发展目标、单位民主管理目标、职工权益维护目标、职工队伍建设目标、企业文化建设目标、职工工作生活条件改善目标等，要将各项目标分解为年度实施计划，并分解到相关部门与个人，明确责任人，明确目标任务与完成时限。

（4）保障措施。要制定行之有效的保障措施，明确奖惩原则与实施办法，确保各项目标任务的完成。

（5）创建要求。要以党委和行政的名义，对相关部门、全体职工提出明确的创建要求，动员全体职工全员参与，认真做好创建工作，努力完成创建任务，确保创建工作的顺利进行。

微提示

创建方案在创建之初拟制，不必每年制订，拟定后交职代会审议通过，然后组织实施。

69. 考核验收职工之家的汇报材料怎么写？

考核验收职工之家的汇报材料通常由引言、正文和结论三大部分构成：

（1）引言部分。介绍单位概况与创建职工之家的基本情况（单位发展历史、目前规模、职工人数），已建职工之家级别，创建上一级职工之家的具体部署、创建目标与目前状况等。

（2）正文部分。通常从六个方面来反映单位职工之家创建情况，一是健全组织体系方面；二是教育引导职工方面；三是推动改革发展方面；四是履行维权职责方面；五是切实服务职工方面；六是加强自身建设方面。

（3）结论部分（结尾部分）。主要是根据上级工会的相关文件精神和自身的创建情况，概述创建结论，申请上级工会考核验收等。

70. 写职工之家考核验收汇报材料需要注意哪些问题？

写职工之家考核验收汇报材料需要注意以下三个方面：

（1）要对照《职工之家建设考核验收表》梳理总结自己的工作。

（2）要注意突出本单位的创建特色与亮点，突出创新理念与创新成果。

（3）要用事实说话、用数据说话，见人、见事、见效果，切忌说空话套话。

71. 考核验收职工之家的党政评价怎么写？

党政评价主要由三部分构成：

（1）党政认识。即单位领导班子、党政主要领导对建家工作、工会工作的认识。

（2）党政作为。即单位党政主要领导如何领导、指挥与支持建家工作；如何在人力、物力、财力上统筹指挥、分工合作，支持与保障建家工作的顺利进行；如何加强工会领导班子建设，配齐配强工会干部，落实工会干部政治经济待遇；如何尊重职工的首创精神、全心全意依靠职工群众；如何以党建带工建、以工建服务党建，发挥工会组织的群众工作优势，推动单位的全面发展。

（3）建家评价。即站在党政的立场，对建家效果与作用、单位工会工作等做出公正的评价：单位通过创建模范职工之家，产生了怎样的效果，实现了什么目标，产生了哪些发展变化等。

微提示

职工之家验收时，单位党委书记要就职工之家建设进行评价并讲话。

72. 考核验收职工之家的自查报告怎么写？

考核验收的自查报告通常由三部分组成：

（1）自查基本情况。即何时开始自查、自查组织机构、方案计划、自查方法、步骤及得分情况等。

（2）亮点工作。以画龙点睛的笔触，概述创建工作的突出特点与亮点工作，引起考核人员的关注。

（3）自查结论。即自查结果，站在自查的立场上，对本单位建家工作做出一个总体评价，讲清自查中的扣分因素和发现的缺陷与不足，讲清下一步的改进措施。

微提示

自查报告是职工之家在验收前，基层工会先就职工之家建设情况进行自查自评，并形成报告。

73. 如何安排职工之家考核验收中的职工座谈会？

职工之家验收时，会有召开职工座谈会这个环节，一种方式是召开一个职工座谈会，职工由一线职工、中层干部、技术人员、女职工等组成；另一种方式是分别召开座谈会，分成中层干部座谈会、职工座谈会两个。具体要看企业的情况实际而定。

职工座谈会主要了解三个方面的内容，即“三个了解”：一是了解职工对建家活动的认知度；二是了解职工对建家工作的参与度；三是了解职工对建家成效的满意度。

74. 职工之家考核验收时如何准备档案资料？

各个基层工会在创建职工之家的过程中，可参考以下目录，准备档案资料：

（1）党政工共建职工之家卷，包括：①成立创建领导小组的资料；②创建工作的资料；③党政工联席会议、建家领导小组的会议记录。

（2）维护职工合法权益卷，包括：①平等协商和集体合同记录、合同的资料；②专项集体合同的资料，如女职工专项集体合同、劳动保护专项集体合同等；③劳动争议调解、来信来访及处理情况的资料；④安全生产管理制度；⑤劳动保护的资料，如劳动保护“三级”网络组织、劳动保护工作等；⑥互助互济的资料；⑦协助行政为职工办实事的资料；⑧“送温暖”的资料；⑨困难职工档案；⑩工会经费收缴及使用的资料。

（3）促进企业发展卷，包括：①开展劳动竞赛、建功立业等活动的资料，开展岗位练兵、技术革新、合理化建议、技能竞赛等职工经济技术创新活动的资料；②开展评先评优的资料；③劳模工作档案。

（4）民主参与卷，包括：①职工代表大会实施细则及近年来职工代表大会的全部资料；②职工代表大会决议落实情况及提案落实情况的资料；③厂务公开的实施意见、公开内容、公开形式及成效等的资料；④职工董事、职工监事的选举、履职、述职等的资料。

（5）教育引导职工卷，包括：①职工思想教育活动的资料；②职工职业道德建设的资料；③职工教育培训及技能提升的资料；④职工素质建设工程实施情况的资料；⑤职工文化活动的资料，包括活动方案、图片、影像等。

（6）工会自身建设卷，包括：①工会组织机构、分工及职责等的资料；②工会会员会籍、档案的资料；③近几年会员（代表）大会的历次会议的文件；④职工小家建设的资料；⑤工会财务、经审工作的资料；⑥工会干部及职工代表培训的资料；⑦工会理论研究的资料。

微提示

各基层单位的性质不同、职工队伍特点不同，工会工作的重点也不同，形成的档案材料也会不同。

第四部分

职工建家工作的创新与发展

75. 职工之家如何更好地发挥作用？

职工之家建起来了，还需要更好地发挥作用：

（1）坚持问题导向。在职工之家建设中，多向职工学习，多问计于职工。在职工中开展以"如何建设职工之家""如何发挥好职工之家的作用"等为主题的学习研讨活动，坚持以问题为导向，以职工需求为导向，找准工会工作中存在的突出问题，分析原因，提出对策，使职工之家建设更具针对性和指导性。

（2）丰富活动载体。在精准了解需求的基础上，设计职工之家的活动内容和方式，丰富活动载体。工会活动的内容很多，包括技能比赛、职工培训、职工文体活动、困难职工帮扶、职工心理服务、职工人文关怀等，工会要按需求择优开展。同时，要根据职工队伍的特点，创新形式和方法，做到职工喜闻乐见。

（3）突出维护职责。避免将职工之家办成活动之家、福利之家、休闲之家，还要在职工之家建设过程中，了解职工的权益维护需求和利益表达诉求，发挥工会的维护职能。

微提示

例如，企业工会在职工中调研时，职工反映的最大问题是食堂饭不好吃。可是工会该怎么办呢？如实将意见反馈给食堂吗？那么结果会越来越糟。

工会通过精准了解需求，将食堂问题归类为菜类品种少、南方大米口味不好、饭菜不卫生、就餐地方太小、餐具消毒不够、荤素搭配不当等，请职工分类提出建议，最后得出的结论是菜里肉太少。那为什么肉会少呢？工会再一次调研分析，才发现企业更愿意将钱用于职工文体活动上，菜价涨了，伙食补贴。问题的原因清晰了，解决办法自然就有了。这时候工会再与企业协商，就有针对性了。

76. 怎样建设实体化职工之家？

实体是指不仅可触知的，而且是有形的、实际存在的物体或物质。建设实体化职工之家，不能仅仅是挂个职工之家的牌匾，而是将工会的各项工作融入职工之家建设之中，使职工之家真正成为联系和服务职工的阵地，实现“维权到位、服务做实”的实体化建家工作目标。

（1）要建好活动阵地。根据职工实际需求，设立专门的职工活动场所，配备必要的设备设施。可以本着“一室多用”的原则，设置职工帮扶室、劳动争议调解室、职工书屋、职工减压室等，并为女职工单独设置“爱心妈咪小屋”。

（2）要亮出标识制度。职工之家的标识要挂在显著位置，同时，要将人员分工、管理办法等工作制度“亮”出来。

（3）要有服务项目或活动载体。要依托职工之家这一有形阵地或是已有的设施设备，开展形式多样、内容丰富、各具特色、职工欢迎的活动，让“家”转起来、活起来。

（4）要有经费。要有自主管理的工会经费，真正用于服务职工和工会活动。

微提示

新形势下，各单位要结合自身特点和工作实际，把职工之家建设成员工的服务站和业余生活的园地，真正实现“维权到位、服务做实”的实体化建家工作目标。

77. 如何创新职工之家建设的载体？

职工之家建设中，要注重方式和载体的创新，要探索和拓展符合时代特征和职工需求的各类活动载体，例如微信、微视频、网络电台等。要将这些多媒体手段贯穿运用于工会各项工作的始终，例如在活动设计阶段，通过微信、QQ 等征集主题、征求意见，吸引职工参与，凝聚职工的智慧；在活动期间，通过微电影、微视频、微信直播、微信投票等方式，提高职工的参与度，扩大活动的影响力；在活动结束以后，通过网络电台、网络视频等进行传播，使活动的后期效果得到延续。

78. 职工之家建设如何充分吸收职工的参与？

职工之家建设要充分吸收职工的参与。要预先提出规定的议题，发动职工参与讨论，然后让大家就规定的议题进行交流，提出意见和建议；一些活动方案可以交给职工来组织策划，尤其是青年职工，他们思维活跃、方式创新，可以将他们培养成工会的积极分子和职工骨干，充分发挥他们的作用。此外，职工之家活动的内容、形式等也要进行创新，要千方百计地吸引职工参与。

79. 职工之家建设如何做到精准服务？

面对职工需求的多元化与多样化，在职工之家建设中如何精准服务职工是摆在各级工会面前的课题：

（1）要基于需求，善于创新。近些年来，工会工作面临的形势发生了很大的变化，一方面，职工队伍发生了变化，20 世纪 80 年代之后出生的职工已成为职工队伍的主体，这些职工是信息化时代成长起来的一代，个性化较强，自我意识较明显，不墨守成规，集体认同感较弱，工会旧有的“行政命令”式的工作方法受到挑战；另一方面，工会工作的环境和手段也都发生了变化，例如信息传递的方式不再需要层层传播、级级传达，远在天边的信息也可在瞬间广为人知，互联网已成为工会工作中最基本的方式和手段等。

这些变化都需要工会干部善于实事求是、勇于创新，一切以是否为职工提供了最好的维权与服务为工作的标准，而不再是为组织活动而组织活动，为了开展工作而开展工作。对于旧有的不再适用的工作内容、方法、机制等，要进行创新性的改革，使工会工作更切合实际，更有效、有用、有力。

（2）工会多元服务，职工按需享受服务。工会精准服务的难点在于一人一个想法、一人一个要求、一人一个主意，众口难调，工会分身乏术。最好的办法就是多方整合资源，多元提供服务，职工“按需索取”。例如将职工之家集职工书屋、职工活动室、职工心理减压室、职工作品创作室、职工技能训练室、职工交流休闲室等合为一体进行设置，职工按需享受服务；又如工会将全年的维权活动与服务项目以菜单方式全盘推出，包括法律服务、互助保险、素质提升、合理化建议、技能比赛等，职工按兴趣选择参加，做到供需无缝对接。

（3）问题导向，便捷服务。要做到精准服务，工会就要更新观念，要改变自我设计、自我封闭、自我运作的方式，以问题为导向，做到工作重心下沉、服务资源下沉、工作人员下沉。将过去的固定服务改为流动服务，将过去的整体服务改为个体服务，将过去的标准服务改为特色服务，将过去的程序服务改为便捷服务，让职工真正体会到参与职工之家活动的便捷性和实惠性。

微链接

美国百货商店之父约翰·华纳梅克曾感叹道：我在广告上的投入有一半是无用的，但问题是我不知道是哪一半。精准服务，就是在精准定位的基础上，依托现代信息技术手段建立个性化的顾客沟通服务体系。

大家有没有觉得有的工会也面临服务定位不准的问题？工会付出了大量的人力、物力甚至财力，响应率却不尽如人意？因此，工会工作要转变思路，要基于职工需求、基于信息和数据分析，开展精准的服务与维护。

80. 如何才能增强职工之家建设的吸引力、凝聚力？

要想增强职工之家建设的吸引力、凝聚力，就要创新工会工作的思维和方式：

（1）转变思想观念，提高包容意识。年轻一代思维多元、价值多元，工会工作要在多样性中寻求统一性，而不是强制统一，真正做到换位思考，求同存异。

（2）抓住关键少数。按照二八法则，重点关注先进和后进的两端人群，再带动大多数的职工群体。

（3）加强活动策划的系统性、连续性，切实落实问题导向、顶层设计、长期实施的工作思路，不能打一枪换一炮，职工找不到规律或参与活动的持续效果。

（4）提高活动样式的有趣性和吸引力。将过去传统的竞技性活动，融入一些团队配合、才艺展示等因素，增加一些趣味性，提高职工参与活动的兴趣。

81. 新时期推进职工之家建设工作的方法有哪些？

（1）坚持共建设、同发展的理念。坚持“建家就是建工会，建家就是建企业”的理念。形成党组织统一领导、行政积极支持、工会具体实施、职工热情参与的建家工作格局，党政工共建职工之家，形成各方合力，促进建家工作的有序开展。

（2）履行“双维护”的职责。履行“促进企业发展，维护职工权益”的职责任务。将服务大局与突出维护相结合，一方面把促进企业发展放在首要位置，发挥工会组织广泛联系职工群众的优势；另一方面把维护职工合法权益作为最基本的职责，保障和维护职工各项合法权益，促进劳动关系和谐。

（3）构建规范运作的体系。建立完善一套规范化、科学化的制度体系，实现建家工作的规范化建设、动态化管理。不能为评模范先进而开展建家工作，更不能止步于评模范先进，而应该以职工需求为导向，常建常新，不断满足职工日益增长的精神文化需求。

（4）落实“职工满意”的衡量标准。把职工群众是否满意作为衡量建家成效的主要标准。把服务职工、服务企业作为建家工作的根本目的。坚持会员评家，把会员评家作为切实加强和改进工会自身建设、发挥基层工会作用的重要平台。通过建立完善会员定期评议职工之家制度，健全会员评家和检查制度，让职工真正感觉到自己是职工之家的主人，实现心中有家、齐心建家、共同管家、志在兴家的温馨感。

微提示

职工之家建设是手段不是目标，不是为争创先进模范而建家。在职工之家建设中，切忌“建家就是建场所，建家就是搞活动，建家就是发福利”的观念，而要实质建家，将职工群众关注的热点、难点和焦点问题作为建家的重点，最终达到提高基层工会活力、增强基层工会群众性的目标。

82. 如何做到建会、建制、建家共同推进？

建会、建制、建家共同推进，就是在组建工会的同时，要健全完善工会工作制度，同时要使各项制度得以落实，以职工之家建设为载体，充分发挥工会的作用：

（1）推进建会。根据相关法规，凡是能建会，应尽量帮助职工组建起工会，依托工会将职工组织起来。

（2）健全制度。在建会的基础上，要不断健全和完善各项工作制度，包括工会工作基本制度、民主管理制度、集体协商与集体合同制度、基层工会组织制度、基层工会工作制度及其他服务工作制度，确保基层工会依据制度运转起来。

（3）推动建家。坚持建会必建家，根据单位职工的需求和特点，设计符合职工需求的维权或服务项目，不断丰富建家的内容和形式，使工会组织有形化、实体化、开放化，真正将工会建设成职工之家。

微提示

建会、建制、建家共同推进，解决的是工会建起来、转起来、亮起来的问题，可以避免“空壳工会”“数字工会”及“休眠工会”等现象的发生。

83. 职工之家建设中如何争取党政的支持？

党政支持是职工之家建设工作顺利推进的重要保障，因此，在建家过程中，要积极争取党政的支持：

（1）明确建家目标，让党政切实感受到职工之家建设可以把广大职工紧密地团结起来，让职工充分享有劳动权利、民主权利和单位发展带来的经济利益。使职工真正成为单位的主人，感受到党的温暖和关爱，从而发挥出自己的聪明才智，为单位的整体发展做出更大的贡献。

（2）工会要坚持党的领导，经常向党组织汇报建家活动的规划、活动方案、进展情况等工作。同时，要积极主动与行政组织沟通，取得行政在人力、物力、财力上的大力支持，形成坚持"党委重视、行政支持、工会努力"的工作格局。

（3）坚持紧密围绕单位中心工作，以建家促进中心工作，使各项活动能够围绕单位中心任务来开展，争取得到党委和行政的重视和支持，更好地发挥工会在单位发展中的独特作用。

微提示

建家就是建企业，建家就是建队伍，建家就是建人心。

84. 工会如何落实职工之家建设工作?

工会要在党政的领导下，自觉承担起建家工作的组织、协调、指导、检查和具体实施等责任。要拿出符合实际的创建方案与计划供党政进行决策，要根据方案计划，牵头组织实施：属于党委领导的，要加强请示汇报，把建家工作置于党的领导之下，纳入党建工作目标，列入党委议事日程。属于行政支持方面的，要推动将职工之家创建计划列入单位整体工作一起计划部署、一起组织实施、一起检查落实、一起总结表彰；要积极向行政领导汇报建家工作，争取行政在财力、物力、人力方面的支持。属于部门配合的，要加大协调力度，让各个部门发挥应有的作用。属于职工参与的，要加大组织力度，让职工全员参与到建家工作中来。

要按照职工之家建设的标准和要求，落实好工会各项工作，准备迎接建家升级考评和验收。

微提示

工会要将建家工作融入工会整体工作，建家不是抛开工会原有工作，另起炉灶、另建一套、另搞一摊，而是用建家工作的要求和标准来规范和创新工会工作。

85. 职工之家建设中应摆正哪些关系？

（1）建“大家”和建“小家”的关系。

两者不可偏废，建好“大家”可以为建“小家”提供良好的外部环境，同时广大员工的工作、学习、生活、娱乐大多集中在“小家”里，工会对每个“小家”建设的支持和关怀，有助于使“大家”形成凝聚力、吸引力。

（2）形象建家和实质建家的关系。形象建家是指工会建家过程中建设活动室、休息室，建立完善建家工作台账等；实质建家是指工会建家的本质性工作，如维护职工权益、民主管理、思想政治工作、增强职工团结等。形象建家一般可以作为建家的突破口，而实质建家才是建家的根本和最终目的所在。

（3）建家与管家的关系。建家必须管家，只建不管，建家就达不到预期目的；只管不建，家就得不到发展。

（4）建家与业务工作的关系，建家要为业务工作的开展发挥凝聚、推动和提升的作用，开展业务工作的过程中要体现建家的要求，贯彻建家的精神，使二者相互促进、相得益彰。

86. 职工之家建设如何充分发挥职工的主体作用？

职工之家的主体是广大职工群众，职工之家怎么建、建得怎么样，都应由职工说了算。

（1）“小家”怎么建，职工说了算。

职工之家的服务对象是什么，他们的需求是什么，工会能够为他们做什么，这是职工之家创建之初就要探索的内容。工会要大量进行调研，利用现场座谈、工会信箱、网上讨论、调查问卷等多种方式，了解职工需求。

（2）职工需要啥，标准就有啥。

要综合职工的需要，反映职工利益诉求，设立民主管理中心，建信赖之家。要利用咨询热线、QQ、微信、意见箱等渠道，认真听取职工日常反映的意见、要求和建议，并及时反馈。要着力解决好职工的实际困难，建立困难职工专项档案资料，缓解职工压力，疏导职工情绪。要切实维护职工合法权益，发挥好工会的桥梁和纽带作用，努力将劳动争议纠纷化解在萌芽状态。要关心职工发展，建立学习培训中心，建学习之家，利用多种手段加大对职工的学习教育，提高职工素质。要丰富职工的文化生活，建活力之家，丰富职工的业余生活。

（3）突出特色，发挥成效。

要结合本单位的实际，根据职工需求开展工作，将职工之家建设与促进单位发展、提升职工幸福水平、提升组织管理水平相结合，使建家工作体现本单位的特色，充分发挥成效。

87. 什么是“互联网+职工之家”？

在信息社会中，工会如何提供更高品质的服务？如何利用互联网的优势开展职工之家建设？

概括来说，互联网具有以下优势：一是资源共享，大家可以共享资源，最大限度地节省成本，提高效率；二是超越时空，在网上享受资源和服务不受时间空间的限制，速度快捷，可以大大提高职工享受服务的便捷性；三是实时交互，在享受资源和服务的同时，职工与主体之间、职工与职工之间可以随时交流互动；四是个性化，不同的企业可以定制不同的资源和服务内容，职工可以享受个性的服务。

因此，工会要积极推动“互联网+职工之家”的建设，利用互联网的特点和优势来构建职工之家，提高工会服务职工的效率。

例如，工会可以积极收集有关职工需求的大数据，通过大数据分析职工的需求特点及发展趋势，有针对性地开展服务；又如，可以将网上职工之家与实体职工之家结合起来，通过设立数字化管理平台、电子职工书屋等，扩展工会服务的范围，打破时间界限，实现工会服务无间断等。

工会要充分利用互联网的特点，将互联网技术贯穿于工会工作的整个系统中，提高工作效率，提升服务质量。